Wilhelm Heims

Wie erlernt man fremde Sprachen?

Winke für den Selbstunterricht. Zugleich ein Beitrag zur Methodik des Studiums fremder Sprachen für praktische Zwecke.

Wilhelm Heims

Wie erlernt man fremde Sprachen?
Winke für den Selbstunterricht. Zugleich ein Beitrag zur Methodik des Studiums fremder Sprachen für praktische Zwecke.

ISBN/EAN: 9783743629059

Hergestellt in Europa, USA, Kanada, Australien, Japan

Cover: Foto ©Paul-Georg Meister /pixelio.de

Weitere Bücher finden Sie auf **www.hansebooks.com**

Wie erlernt man fremde Sprachen?

Winke für den Selbstunterricht

zugleich

ein Beitrag zur Methodik des Studiums fremder Sprachen
für praktische Zwecke

von

Wilhelm Heims.

GERA

Kanitz'sche Buchhandlung (R. Kindermann)

1885.

Die vorliegende Schrift bezweckt nicht die Erörterung der Frage nach der Richtigkeit der herkömmlichen Methode des fremden Sprachstudiums auf den Schulen: denn, wenn auch aus den zahlreichen Reformvorschlägen für den neusprachlichen Schulunterricht deutlich das Streben hervorgeht, denselben in höherem Grade, als es bisher geschehen ist, für die Praxis nutzbar zu machen, so sind die Zwecke der Schule zunächst doch andere als der Gebrauch der fremden Sprache als Verkehrsmittel, während wir uns gerade mit der Frage beschäftigen wollen, wie die Methode eingerichtet sein muss, die den Lernenden, der das Können der Sprache, ihren lebendigen Gebrauch in Wort und Schrift im Auge hat, ohne Rücksicht auf die Förderung des anderen Inhalts, den man mit den Sprachen und durch dieselben lernt, am sichersten und schnellsten zum Ziele führt.

Im gewöhnlichen Leben unterscheidet man nicht sehr scharf zwischen den einzelnen das fremde Sprachstudium ausübenden Individuen; um daher den Praktiker auf sein engeres Gebiet hinzuweisen, dürften einige Bemerkungen über die verschiedenen Zwecke und die durch sie bedingten Arten dieses Studiums hier am Platze sein.

Das Studium fremder Sprachen kann einem dreifachen Zwecke dienen, einem wissenschaftlichen, einem pädagogischen und einem praktischen.

In der wissenschaftlichen Richtung unterscheiden wir Sprachforschung und Philologie. Jene sucht, durch die Erkenntnis der in den verschiedenen Sprachen der Menschheit waltenden Gesetze, Entstehung und Entwickelung der einzelnen Sprachen, sowie Ursprung und Wesen der Sprache im allgemeinen, zu ergründen, und da die Erforschung jedes Idioms einen Beitrag zur Lösung dieser Probleme liefern kann, so betrachtet sie als ihr Objekt jede Sprache, ohne Rücksicht auf ihren Wert für das praktische Leben und ohne danach zu fragen, ob das Volk, welches sich ihrer bedient, eine hoch entwickelte Kultur und somit eine mit derselben in stetiger Beziehung stehende Litteratur besitzt, oder auf niedriger Kulturstufe steht, in welchem Falle ein Schrifttum gar nicht vorhanden oder doch nicht über die ersten Anfänge hinausgekommen ist. Die Sprache ist hier Selbstzweck.

Die Philologie hat ein viel begrenzteres Gebiet, soweit die Anzahl der sie interessierenden Sprachen in Betracht kommt; für sie haben nur diejenigen der Kulturvölker Wert, welche eine bedeutende Litteratur aufweisen, und der Philologe bezweckt vermittelst der Kenntnis einer solchen Sprache ganz besonders das kritische Verständnis ihrer Litteratur und damit der Kultur des betreffenden Volkes. Trotzdem ist ihm die Sprache nicht allein Mittel zum Zweck, sondern auch Selbstzweck, da sie das bedeutendste Moment in der geistigen Entwickelung eines Volkes ausmacht, und ihr besonderes Studium dem der übrigen Äusserungen des Volksgeistes, der Religion, der Sitte, des Rechts, der Kunst und der Wissenschaft durchaus gleichwertig ist. In diesem Punkte berühren sich Sprachforschung und Philologie.

Die pädagogische Richtung des Studiums fremder Sprachen gehört der Schule an. Sie betrachtet dasselbe in erster Linie als formales Bildungsmittel. Für ihre Zwecke würden sich also solche Sprachen am besten eignen, welche durch ihren grossen Abstand von der Muttersprache, durch ihre mit denen der letzteren scharf kontrastierenden Eigentümlichkeiten, dem Geiste des Schülers eine mannigfache Anregung bieten, und deren Schwierigkeiten ihn in der verschiedensten Weise beschäftigen könnten. Wenn trotzdem in unseren Schulen nicht Sprachen gelehrt werden, welche, wie das Türkische oder gar das Chinesische, vermöge ihres ganz fremdartigen Charakters dem Schüler als vorzügliches Mittel der Geistesgymnastik dienen könnten, so hat dieses seinen Grund darin, dass mit den Sprachen ein mannigfaltiger Inhalt gelernt werden soll, und für die Förderung litterarischer, ästhetischer, moralischer, geschichtlicher, geographischer und naturwissenschaftlicher Kenntnisse vermittelst des Sprachstudiums die beiden alten, vorzugsweise aber die Sprachen der modernen Kulturvölker, deren Bildung sich auf das engste mit der unsrigen berührt, allein das Mittel an die Hand geben; und dass ferner, obgleich bei der Auswahl der zu lehrenden fremden Sprachen, die Zweckmässigkeit, als tüchtiges formales Bildungsmittel zu dienen, besonders zu berücksichtigen ist, das Sprachstudium doch auch einen Nutzen für das praktische Leben haben soll, was wieder hauptsächlich durch die Pflege der modernen Kultursprachen erreicht wird. Bieten diese doch auch, die romanischen natürlich mehr als die germanischen Sprachen, dem Schüler Schwierigkeiten genug, deren Überwindung durch zweckmässige Behandlung in vielfacher Weise für seine geistige Ausbildung nutzbar gemacht werden kann.

Die dritte, die praktische Richtung, berührt sich mit der eben geschilderten darin, dass in beiden die fremde Sprache nur als Mittel zum Zweck gilt; sie unterscheidet sich von ihr aber dadurch, dass sie die fremde Sprache allein als Mittel zum Zweck des Verkehrs in Wort und Schrift mit Angehörigen der fremden Nation betrachtet.

Die Philologie und die Pädagogik beschränken sich auf einen kleineren Kreis von Sprachen, für die Praxis kann dagegen eine jede von Wert werden, wie sich dies für die Sprachforschung von selbst versteht. Freilich werden für Schriftsteller, Techniker und die meisten Gelehrten nur die hervorragendsten Kultursprachen praktische Bedeutung haben, deren sich die fremden Kollegen für ihre Mitteilungen bedienen; für den Künstler, den Forschungsreisenden, den Missionär, den Beamten, der Dienste in fremden Ländern nimmt, und für den Kaufmann können dagegen auch solche Sprachen wichtig werden, die sonst nur ein sprachwissenschaftliches Interesse haben.

Es ist einleuchtend, dass für die verschiedenen Zwecke auch die Art des Studiums fremder Sprachen verschieden sein muss. Der Sprachforscher, der Philologe, die Schule und der Praktiker gehen ihre besonderen Wege. Bei dem einen überwiegt die Theorie oder die Kenntnis, bei dem anderen die Praxis oder das Können. Bald ist der Sprachbau und das grammatische Verständnis Hauptsache, bald die in der fremden Sprache niedergelegte Litteratur, bald die lebendige Rede. Das Material des Sprachforschers, welches dieser zwar allen Formen einer Sprache entnehmen muss, rekrutiert sich doch besonders aus der natürlichen, ungekünstelten Volkssprache und den Dialekten, das des Philologen aus der Litterärsprache aller Zeiten, von den ältesten Denkmälern bis zu den heutigen Erzeugnissen der Litteratur; die Schule legt dagegen bei Behandlung der modernen Sprachen das Hauptgewicht auf die klassischen Schriftwerke aus ihrer jüngsten Periode, und für den Praktiker kommt zunächst die an idiomatischen Ausdrücken reiche Umgangssprache und die Tageslitteratur in Betracht.

Die Frage nach der richtigen Methode des praktischen Sprachstudiums hängt eng zusammen mit der Frage nach dem Wesen der Sprache*). Dass diese nichts Gewordenes, sondern etwas Werdendes ist, dass sie einen psychischen Prozess bezeichnet, der sich immer wieder erneuert und sich in jedem Individuum auf eine ihm eigne Weise vollzieht, dürfte heute wohl die Ansicht aller sein, welche sich mit Sprachwissenschaft beschäftigen; auf die Methodik der Erlernung fremder Sprachen hat diese Erkenntnis indessen keinen grossen Einfluss gehabt. Und doch gilt diese Definition von Sprache nicht allein für ihre Anfänge in vorgeschichtlicher Zeit, wo der lautschaffende Trieb die hauptsächliche Seite ihrer Wirksamkeit ausmachte, sondern für ihre ganze Entwickelung, wenn sie auch, neben der lebendigen Rede, in Lautzeichen umgesetzt, in der litterarischen Form in ihrer Entwickelung mehr oder weniger gehemmt, in Grammatik und Lexikon ganz erstarrt ist. Aus der falschen Anschauung, dass die Sprache als ein Gewordenes etwas Fertiges, für jeden zur Verfügung Stehendes und nur der Anwendung Harrendes sei, und aus diesem Grunde durch die Grammatik, das Lexikon und die gekünstelte Litteratursprache vornehmlich dargestellt werde, ist die Methode hervorgangen, welche lediglich mit solcher Hilfe eine Sprache lehren will. Sprache ist aber gesprochene Rede und deshalb lebt sie recht eigentlich nur im Munde des Sprechenden; hier erwächst sie täglich, stündlich, jeden Augenblick neu, hier schafft sie Neues, streift Altes und Verbrauchtes ab und befindet sich in steter Wandlung. Das Lexikon und die Grammatik geben zwar den sprachlichen Stoff und seine Erscheinungsformen

---

*) Hierauf hat neuerdings Felix Franke in seiner Schrift: „Die praktische Spracherlernung auf Grund der Psychologie und der Physiologie der Sprache dargestellt (Heilbronn, Gebr. Henninger 1884)" hingewiesen. Dieselbe enthält eine Zusammenstellung der heutigen Anschauungen vom Wesen der Sprache in ihrer Anwendung auf die Erlernung fremder Sprachen. Die Sprache des Individuums wird hier als ein psychologischer Mechanismus definiert, der mit Bewegungen der Sprachorgane associiert ist. Sprache ist kein greifbares Objekt, kein lebendes Wesen. Sprache existiert nur in der Seele des Individuums. Jedes Individuum hat seine eigne Sprache, wie es seine eignen Ideen hat. Die Gesamtsprache ist ein Durchschnitt durch eine Reihe von Individuensprachen u. s. w.

vollständiger, als die meisten Menschen sie beherrschen können; in ihnen sind jedoch die Wörter nach der Zufälligkeit ihrer Anfangsbuchstaben, die Regeln nach der konventionellen Ordnung der Redeteile aufgeführt. Gebräuchliches und Ungebräuchliches, Regeln und Ausnahmen bilden ein buntes Durcheinander. In der lebendigen gesprochenen Rede gewinnen erst die tote Masse des Lexikons und die toten Formen der Grammatik Leben. Und was die Litteratursprache anbetrifft, so ist sie mit ihren künstlichen Formen und fremden Elementen wohl allen Gebildeten verständlich, als Bethätigung aber doch nur das Eigentum weniger bevorzugter Geister; eine allen gemeinsame Sprachthätigkeit findet nur durch die Umgangssprache statt, die erst die Grundlage für die komplizierten Formen der höheren Schriftsprache bildet.

Also nicht die künstliche, durch gelehrte Einwirkungen vielfach beeinflusste, litterarische Sprache, sondern die mündliche Rede, die Sprache par excellence, ist unser nächstes Objekt; nicht aus der Grammatik und dem Wörterbuche sollen wir die Regeln und Worte für das Sprechen in erster Linie nehmen, sondern aus der gesprochenen Sprache müssen und können wir beides lernen. Dass wir für eine unser Können unterstützende gediegene Kenntnis der fremden Sprache, eine gute Grammatik und ein gutes Wörterbuch nicht entbehren können und die Litterärsprache fleissig benutzen müssen, soll später gezeigt werden.

Die künstliche Erlernung fremder Sprachen nötigt unwillkürlich zum Vergleich mit dem Vorgange, der bei der Erwerbung der Muttersprache durch das Kind beobachtet werden kann. Hierauf als die natürliche Art der Spracherlernung ist unzähligemal hingewiesen worden. Das Kind hört unausgesetzt das Gesprochene, lernt allmählich einen Teil davon und zwar das, was sich direkt auf dasselbe bezieht und was es auch am häufigsten hört, verstehen, d. h. es verbindet die gehörten Worte mit den ihm ihrem Wesen nach bekannten und von ihm sinnlich unterschiedenen Gegenständen, und fängt dann selbst an, die verstandenen Worte zu gebrauchen, d. h. die bekannten Gegenstände mit den dafür gehörten Ausdrücken zu benennen. Allerdings ist die Anzahl der anfangs zusammenhangslos verwendeten Worte noch sehr klein; aber allmählig wächst mit der Erweiterung des Vorstellungskreises der Sprachschatz, der Ausdruck wird abgerundeter, mit dem besser entwickelten Denken geht das besser entwickelte Sprechen Hand in Hand; durch beständige Wiederholung der Wort- und Satzformen hat das Kind sich selbst Normen gebildet, denen es beim Sprechen unbewusst folgt, und im sechsten Jahre hat dasselbe ohne Hilfe grammatischer Regeln so viel gelernt, dass es seine Gedanken in geordneter Redeweise wiedergeben kann. Es kann jetzt die Sprache; es ist zwar noch lange nicht im stande, alles Gesprochene zu verstehen und, selbst wenn es lesen gelernt hat, alles Gelesene zu verarbeiten, aber trotzdem beherrscht das Kind die Sprache; denn Beherrschung einer Sprache heisst Verstehen und Anwenden derselben, soweit die Bedürfnisse es verlangen, und diese Fähigkeit besitzt das Kind, sobald es sich in gegliederter Rede ausdrücken kann.

Ein solcher Besitz der Muttersprache genügt natürlich nicht mehr für ein späteres Alter. Doch bis dahin ist ihre Ausbildung durch Übung und Unterricht stetig fortgeschritten, und zwar hält sie mit den Bedürfnissen des Individuums gleichen Schritt, so dass jeder normal Beanlagte auf jeder Stufe seiner Entwickelung die Muttersprache seinen Verhältnissen entsprechend beherrscht. Jeder besitzt seine Muttersprache auf seine Art, nicht alle haben dieselbe in gleichem Grade inne. Der Unterschied ist so gross, wie die Bedürfnisse der Einzelnen verschieden sind, und da diese aus der geistigen Beanlagung, aus der Umgebung und dem Berufe entspringen, so wird jemand einen desto grösseren Besitz der Muttersprache haben, je reicher sein Geist, je mannigfaltiger seine Umgebung und je schwieriger sein Beruf ist. Dem einen genügen geringe materiale und formale Mittel, der andre nennt fast den ganzen Reichtum der Sprache sein eigen. Jener muss sich mit dem Notwendigsten begnügen und bleibt auf der Oberfläche, dieser bewältigt ein grosses Material und dringt tief in die Feinheiten der Sprache ein. Aus diesem Grunde bieten sich auch für den auf niedriger Gesellschaftsstufe Stehenden, der nur über wenige Hundert Ausdrücke und Phrasen verfügt, weniger Schwierigkeiten in der seinen Verhältnissen entsprechenden Aneignung einer fremden Sprache als dem Hochgebildeten, der viele Tausende von Wörtern und Redensarten beherrschen muss, um sie bis zu dem Grade zu besitzen, der seinen Bedürfnissen entspricht; denn je ausgebildeter die Muttersprache bei ihm ist, desto mehr wird er danach streben, sich eine ähnliche Beherrschung der fremden Sprache zu verschaffen. Demnach würde es das höchste Ziel des Studiums fremder Sprachen sein, sich dieselben derartig anzueignen, dass man mit den Individuen und dem Schrifttume des fremden Volkes so verkehren kann, wie man es mit den Individuen und dem Schrifttume der eignen Nation gewohnt ist, d. h. den Besitz der fremden Sprache derjenigen der Muttersprache gleich oder doch sehr nahe zu bringen.

Hier müssen wir aber die Frage aufwerfen, ob wir uns eine fremde Sprache überhaupt so aneignen können, wie die Muttersprache, welche wir unausgesetzt üben, die wir durch beständigen Verkehr mit Sprachgenossen stetig bereichern und veredeln, und die mit unserem ganzen Denken und Thun auf das engste verbunden ist. Dieselben Bedingungen sind für die fremde Sprache doch nicht vorhanden, es sei denn, dass der Lernende in dem fremden oder eigenen Lande ausschliesslich Umgang mit Angehörigen der fremden Nation pflöge, in welchem Falle aber auch nur von einer einzigen Sprache zur Zeit die Rede sein könnte, durch deren bevorzugte Pflege die Muttersprache allmählich zur fremden werden, die fremde Sprache die Muttersprache ersetzen würde. Es ergiebt sich hieraus von selbst die Unmöglichkeit der Beherrschung aller von einem Individuum ausgeübten Sprachen in demselben Grade der Vollkommenheit, nur die Unvollkommenheit kann hier als Gradmesser dienen; am besten kann man stets die Sprache, innerhalb deren sich das Denken unwillkürlich vollzieht.

Ist schon die Beherrschung der Muttersprache eine relative, wie viel mehr muss dies bei den fremden Sprachen der Fall sein, die häufig nur zu ganz beschränkten Zwecken erlernt werden, sei es für den mündlichen oder schriftlichen Gebrauch im Geschäftsleben, für eine Vergnügungsreise in dem fremden Lande oder zu anderen Zwecken, die nur die Verarbeitung eines bald kleineren bald grösseren Teils der Sprache verlangen. Giebt es doch Lehrbücher für einzelne Gewerbe und solche, die nur für das Allernötigste sorgen wollen und dies auch durch ihren Titel angeben, vergl. „der französische Kellner"; „der echte kleine Schwede, die Kunst, die schwedische Sprache in acht Tagen ohne Lehrer richtig sprechen, lesen und schreiben zu lernen". Häufig benötigen derartige Büchlein einen besonders bezeichnenden Titel, der zu verstehen geben soll, dass trotz des geringen Materials und der kurzen Zeit alles möglich gemacht wird, vergl. „der tschechische Sprachquetscher", „der polnische Hexenmeister", „Französisch per Dampf". Beliebte Attribute für diese kleinen „Nationalen" sind „echt", „geschickt", „beredt", „perfekt"; einige nennen sich auch „klein", ein Epitheton, welches, im Gegensatz zu den genannten vier schmückenden den Nagel auf den Kopf trifft. Da derartige Bücher dem sie Benutzenden nur so viel oder so wenig geben, dass er im stande ist, einige der gebräuchlichsten Worte und Sätze zu äussern, so haben dieselben kein Interesse für uns und kommen als Hilfsmittel für das Studium gar nicht in Betracht.

Unsere Ziele bei Erlernung fremder Sprachen sind also im grossen und ganzen dieselben wie bei der Aneignung der Muttersprache. Wir wollen das gesprochene und geschriebene Wort verstehen und die fremde Sprache selbst sprechen und schreiben lernen, so dass unser Ziel nur graduell, nicht aber wesentlich, vom Besitz der Muttersprache verschieden sein kann. Wir wollen es aber auch möglichst schnell erlangen und haben häufig nicht nur eine, sondern mehrere fremde Sprachen zu lernen. Wie wir gesehen haben, kann man für die fremden Sprachen den Weg der Erlangung der Muttersprache nicht wieder zurücklegen, da man nicht in der Lage ist, die zu erlernende Sprache unausgesetzt zu hören, und durch stetige Wiederholung des Gehörten und Selbstgesprochenen, es allmählich zu der Virtuosität zu bringen, welche der die Muttersprache Redende auf jeder Stufe besitzt, dessen Sprachschatz sich aber auch erst ganz allmählich erweitert, und der viele Jahre braucht, um auf die Stufe zu gelangen, deren Besitz dem Lernenden der fremden Sprache erwünscht ist. Aber selbst wenn man diese ausgedehnte Gelegenheit des Hörens und Sprechens hätte, so wäre es doch ein zu langer Weg. Da es sich in der Regel darum handelt, das Gelernte auch schnell zu verwerten, bevor noch das eigentliche Ziel erreicht ist, könnte uns ein solches Vorgehen wenig nützen; manches würden wir auf diese Weise lernen, was unseren nächsten Zwecken fern liegt, manches, was sie erfordern, würde uns entgehen. Glücklicherweise können wir diesen langwierigen Weg der Erlernung der Muttersprache für die fremde Sprache abkürzen durch Fähigkeiten, die dem sprechen lernenden Kinde noch abgehen. Wir besitzen schon eine Sprache; wir können denken und unsere Gedanken in einer bestimmten Form, der muttersprachlichen, zum Ausdruck bringen. Beides soll das Kind erst an und mit der Muttersprache lernen. Mit unserem gereiften Verstande vermögen wir die Gesetze der fremden Sprache intensiver zu erfassen, können wir vor allem das für uns Wichtige vom Unwichtigen scheiden, und das so Ausgewählte und mit Hilfe der Muttersprache Vorgestellte mit unseren der fremden Artikulation angepassten Lauten zum Ausdruck bringen.

Diese Vorteile bergen indessen auch wieder Schwierigkeiten. Bei der Aneignung einer fremden Sprache haben wir unser Denken in eine neue Form zu giessen; ihre Ausübung beruht nicht auf der stets sich wiederholenden Loslösung der muttersprachlichen Worte von den Vorstellungen und Substituierung der fremden Lautgebilde, diese sollen vielmehr mit den Vorstellungen unmittelbar verbunden werden. Das frz. „chapeau" soll nicht das deutsche „Hut" in der Anschauung einer bestimmten Art von Kopfbedeckung ablösen, zu welchem Ende das Wort „Hut" erst vorhanden sein müsste, sondern beide, die allgemeine Sachanschauung und das fremde Wort müssen die innigste Verbindung mit einander eingehen, so dass die erstere das letztere und umgekehrt unmittelbar und unwillkürlich reproduziert. Und was hier von einem einzelnen Worte gesagt ist, gilt für ganze Sätze und Perioden, die in der fremden Sprache ganz anders als in der Muttersprache gestaltet sind und in jeder Sprache auf besondere Weise dargestellt werden. Ferner ist zu berücksichtigen, dass wir für die Aneignung der fremden Laute bei vielen Sprachen eine ganz abweichende Artikulationsbasis gewinnen müssen.

Es ist wiederholt darauf aufmerksam gemacht worden, dass Kinder im fremden Lande die Sprache sich schnell aneignen, ohne theoretische Anleitung, die sie noch nicht verstehen würden, nur durch die Praxis. Aus dieser Beobachtung darf man aber nicht etwa Schlüsse auf Erwachsene ziehen wollen, denn zwischen dem Kinde, welches eine fremde Sprache im fremden Lande lernt, und dem Erwachsenen ist ein grosser Unterschied. Vor allem steht das geringe Material, welches das Kind für die relative Beherrschung der fremden Sprache benötigt, in einem weit günstigeren Verhältnisse zu dem Grade der Schnelligkeit der Aneignung als das umfangreiche, das der Erwachsene beherrschen soll. Dann sind die Sprachorgane bei dem Kinde noch viel geschmeidiger für die Erwerbung der eigentümlichen fremden Laute, und ferner sind die Worte der Muttersprache noch nicht so fest mit den Vorstellungen verbunden wie beim Erwachsenen. Die feste Gewöhnung an die Muttersprache in Laut und Form ist eine Hauptschwierigkeit bei der Erlernung und Handhabung fremder Sprachen und sie, die bei dem sprechen lernenden Kinde wegfällt, bei dem eine fremde Sprache lernenden Kinde im fremden Lande noch nicht schwer ins Gewicht fällt, wird häufig für den Erwachsenen ein nur sehr langsam zu beseitigendes Hindernis.

Wir wollen gleich hier auf eine durch die natürliche Spracherlernung feststehende Thatsache aufmerksam machen. Wenn die Aneignung einer fremden Sprache bedeutet, dieselbe zum unmittelbaren Ausdruck unseres Denkens zu machen, darf man nur eine einzige Sprache zur Zeit lernen; mehrere Sprachen zu gleicher Zeit wäre gegen die Natur; geht man doch sogar soweit, zu behaupten, die Aneignung fremder Sprachen sei überhaupt unnatürlich. Ist schon die Muttersprache hinderlich bei der Erlernung eines fremden Idioms, weil sich das Denken in ihr beim Gebrauch des letzteren stark vordrängt, und muss man daher auch von ihrer Vermittelung möglichst absehen, damit sie uns weniger hindernd in den Weg trete — nur insofern, als sich das Denken in der beherrschten Muttersprache schneller vollzieht als in dem weniger bekannten fremden Idiome —, ein wieviel grösseres Hindernis muss dann erst das gleichzeitige bruchstückartige Denken in verschiedenen Sprachen für die wirkliche Erlernung der einzelnen sein! Nur anhaltender Gebrauch der fremden Sprache setzt uns in ihren Besitz, das Aussetzen ihres Gebrauchs schmälert erfahrungsgemäss diesen Besitz, zu gunsten der Muttersprache oder der Sprache, welche wir viel oder fast ausnahmslos sprechen. Durch die alleinige Pflege der Muttersprache kann diese nur gewinnen, durch den Gebrauch fremder Sprachen leidet ihre Ausbildung. So hat die Abgeschlossenheit ihrer Entwickelung die französische Sprache zu jener bewunderungswürdigen Feinheit künstlerischer Ausbildung gebracht, und „die Franzosen haben aus dieser anscheinend nationalen Schwäche viel von ihrer litterarischen und sprachlichen Kraft gezogen, und es ist sehr fraglich, ob die jetzt angebahnte offizielle Erlernung von Fremdsprachen den zukünftigen Schriftstellern Frankreichs mehr Gewinn als Einbusse an muttersprachlicher Bildung bringen wird"*). Die durch gleichzeitiges Erlernen mehrerer fremder Sprachen bedingte fortwährende Unterbrechung ihrer Anwendung kann also nur störend wirken und muss die Erreichung der gesteckten Ziele bedeutend erschweren. Erst wenn man hinreichende Übung erlangt hat, kann man ohne Schaden zu einer zweiten und später zu einer dritten Sprache übergehen, ebenso wie das Kind eine fremde Sprache erst lernen soll, wenn es nicht allein die Muttersprache in dem oben gebrauchten Sinne zum erstenmal beherrscht, sondern soweit in ihr vorgedrungen ist, dass es ohne Schaden für ihre weitere Ausbildung an das Erlernen einer fremden Sprache gehen kann; dies dürfte vor beendigtem zehnten Jahre nicht der Fall sein, und auch der Erwachsene sollte zu dem Studium einer zweiten fremden Sprache nicht eher übergehen, als bis der Besitz der ersten dem der Muttersprache bei einem zehnjährigen Kinde gleichkommt oder sich doch damit vergleichen lässt, so dass der

---

*) Eduard Engel, Psychologie der französischen Litteratur, Karl Prochaska Wien.

sicheren Handhabung der Sprache durch das Kind die Bewältigung eines grösseren Materials bei geringerer Virtuosität entspricht. So haben wir denn die Hauptpunkte einer richtigen Methode des Sprachstudiums für praktische Zwecke gewonnen, indem wir nach scharfer Sonderung der verschiedenen Zwecke dieses Studiums im allgemeinen, von dem Wesen der Sprache und ihrer natürlichen Erlernung ausgingen und diese auf ihre Anwendbarkeit auf die Aneignung von Fremdsprachen prüften. Die auf diese Weise erhaltenen Resultate sind zwar nicht neu*), in ihrer konsequenten Durchführung in der ganzen Ausdehnung unseres Gegenstandes, unter Zuziehung des aus eigner Erfahrung Gewonnenen, glauben wir aber doch dem Praktiker manchen Wink zu geben, der ihm für seine Studien von Nutzen sein kann.

Wir haben gesehen:

1) Die Beschränkung auf eine Sprache zur Zeit ist notwendig, um schnell zum Ziele zu kommen.

2) Die eigentliche Sprache ist nicht die künstliche Litteratursprache, sondern die natürliche Umgangssprache, welche den einfachsten Ausdruck enthält und erst die Grundlage für jene bildet und auf deren Erwerb vorbereitet. Deshalb muss auch ihr Studium dem der Litteratursprache vorangehen.

3) Wie das Kind nicht die Grammatik, sondern die Sprache selbst lernt und die Regeln für das richtige Sprechen der Sprache selbst entnimmt, so kommt für uns auch in erster Linie die Sprache in Betracht; die Grammatik darf nur soweit Berücksichtigung finden, als sie uns zum schnelleren und intensiven Erfassen der Spracherscheinungen verhilft. Hierin liegt denn auch ein Ersatz für die unausgesetzte Wiederholung des Gehörten und Gesprochenen beim Kinde; um aber dessen Technik auch nur annähernd zu erreichen, bedarf es immer noch vielfacher Gelegenheit, die fremde Sprache zu hören und zu sprechen, erst hierdurch wird sie unbewusster Ausdruck unseres Denkens.

4) Soll die Erlernung einer fremden Sprache sich ähnlich der unserer Muttersprache vollziehen, so ist vor allem die Gewöhnung

---

*) Gegen die grammatische und Übersetzungsmethode kämpften u. a. Quousque tandem (Der Sprachunterricht muss umkehren. Gebr. Henninger. Heilbronn 1882), L. Graf von Pfeil (Wie lernt man eine Sprache? Josef Max & Co., Breslau 1883) und Felix Franke in dem genannten Werke, welcher dort auch die Beschränkung auf die gesprochene Sprache verlangt und die Erlernung der Litteratursprache so lange hinausgeschoben haben will, bis Geläufigkeit in der Umgangssprache erzielt ist.

an die muttersprachlichen Laute und Formen zu überwinden. Dieses Hindernis wird um so schneller beseitigt, je weniger man sich von den Lauten der Muttersprache bei der Wiedergabe der fremden leiten lässt; wenn man das fremde Idiom in direkte Verbindung mit den Vorstellungen bringt und die Muttersprache nur zur Erklärung heranzieht, wo solche zum schnelleren Erfassen der fremden Sprache nötig ist.

Die Muttersprache fördert und hemmt die Aneignung der fremden Sprache. Da wir diese in ihrer unmittelbaren Verbindung mit den Handlungen und Vorstellungen nicht in uns aufzunehmen vermögen, sollen wir die Auswahl des Sprachstoffes nicht ganz dem Zufalle überlassen, abgesehen davon, dass wir die von Handlungen begleitete Sprache nur in stetigem Umgange mit Fremden vorfinden, so müssen wir mit Hilfe der Muttersprache zu dem Inhalte der fremden Sprache gelangen, deren Erlernung durch solche Hilfe wesentlich beschleunigt wird; und wenn sie auf die Erklärung der fremden Sprache zur Schöpfung der durch sie bezeichneten Vorstellungen beschränkt bleibt. die nun direkt und durch Wiederholung fest mit ihr verknüpft werden können, so wird die Muttersprache für das Verständnis der fremden auch nie hinderlich werden. Wir befinden uns dann auch für den eigenen Gebrauch der fremden Sprache in derselben Lage wie das Kind, welches nach erzieltem Verständnis seiner Muttersprache sie auszuüben sucht. Die zu bezeichnenden Vorstellungen lassen sich nun direkt, ohne das Mittel der Muttersprache, durch die fremde Sprache wiedergeben, anfangs mühsam und langsam, später, durch Wiederholung und Übung, leicht und schnell. So bedeutet denn das Übersetzen aus der fremden Sprache in die Muttersprache die Gewinnung des beiden gemeinsamen Inhalts; die Übersetzung aus der Muttersprache in die fremde würde dagegen nur eine Verwandlung der Form der ersteren in die der letzteren heissen. Von der fremden Sprache ausgehend, haben wir ihre wirkliche Form und umgehen schnell die Vermittelung der Muttersprache; zu ihr mit Hilfe dieser gelangend, ist deren Form mehr oder weniger massgebend für ihre Bildung, und die Muttersprache ist stets ein überflüssiger Ballast, der die Freiheit im Gebrauche der fremden Sprache beschränkt*).

*) Dieser Übelstand macht sich ganz besonders bei den in den Lehrbüchern vorhandenen Übungsaufgaben zum Übersetzen in die fremde Sprache bemerkbar, weil der Lernende hier stets die Muttersprache vor Augen hat, deren Worte durch ihren langen Gebrauch alle Anschauung ihres Inhalts in sich tragen, so dass der Lernende zur wirklichen Vorstellung gar nicht gelangt, und nun einfach die muttersprachlichen Worte gegen die fremden austauscht.

Wie verhalten sich die vorhandenen Lehrbücher fremder Sprachen zu diesen Grundsätzen? Dadurch, dass sie die Hilfe der Muttersprache nicht auf das Notwendige beschränken und beständig aus derselben in die fremde Sprache übersetzen lassen, machen sie das Denken in derselben zur Unmöglichkeit und begünstigen das Hemmnis, welches die Muttersprache für die Aneignung des fremden Idioms bildet, anstatt es zu beseitigen. Ausserdem legen sie mit geringen Ausnahmen weniger Gewicht auf die Erwerbung der Sprache als auf die der Grammatik, deren Regeln an allen möglichen Beispielen eingeübt werden, gerade als wenn die Sprache nur wegen der Grammatik da wäre. Ein weiterer Übelstand ist die unzweckmässige und mangelhafte Auswahl des Sprachstoffes.

Im folgenden wollen wir die gebräuchlichsten für das Selbststudium bestimmten Lehrbücher, welche auch teilweise die oben geschilderten Mängel zu vermeiden suchen, einer kurzen Betrachtung unterziehen.

Jede Methode nimmt für sich den Vorzug in Anspruch, das einzig richtige Mittel zur Beherrschung der fremden Sprache zu sein. Dabei gehen die Ansichten über Beherrschung sehr weit auseinander. Natürlich wird eine Methode schneller zu Resultaten führen als eine andere. Nichtsdestoweniger muss es doch auffallen, dass Toussaint-Langenscheidt für die 36 Sprachbriefe, deren peinlich genaue Durcharbeitung allein den gewünschten Erfolg haben soll, 18 Monate bei täglich anderthalb- bis zweistündiger Arbeit verlangt, Ollendorf für dasselbe Ziel sechs Monate und Rosenthal in dem Meisterschafts-System sogar nur drei Monate bei täglich halbstündigem Studium beansprucht. Stets wird der den Vorzug haben, welcher die geringsten Anforderungen an Fleiss und Ausdauer stellt; durch richtige Handhabung kann ja auch viel Zeit und Kraft gespart werden; sollte der Unterschied aber wirklich so ausserordentlich sein, dass eine Methode, ganz abgesehen von der täglich auf das Studium zu verwendenden Zeit, den Lernenden zweimal bezw. fünfmal schneller in den Besitz der Sprache setzt, als eine andere? Es giebt hierfür nur eine Erklärung: die eine Methode bietet noch weniger von der Sprache, als die andere; durch weise Beschränkung auf einen Teil der Sprache und eingehende Behandlung des Stoffes aber kann wenigstens der Besitz dessen angestrebt und zum Teil auch erreicht werden, was man in erster Linie für brauchbar erachtet.

Toussaint-Langenscheidt verschafft dem Lernenden eine tüchtige Kenntnis der Grammatik und eines grossen Teils der

Sprache, an welchem Umgangs- und Litteratursprache ungleichmässig zu gunsten der letzteren teilnehmen. Ein besonderes Verdienst dieses brieflichen Original-Sprachunterrichts ist die auf die genaue Wiedergabe der fremden Laute verwendete Sorgfalt, wenn auch nach unserer Meinung selbst eine derartige Behandlung der Aussprache die Unterstützung eines der fremden Sprache Kundigen nicht überflüssig macht. Die Verfasser stellen bedeutende Anforderungen an den Fleiss des Lernenden, dem eine Fülle von Material zum Lesen, Abschreiben, Übersetzen, Rückübersetzen, für Konversationsübungen und zahlreiche Bemerkungen über Grammatik, Aussprache, Orthographie, Lexikographie etc. geboten werden, und wenn derselbe nach Beendigung des ganzen Kursus nicht Tüchtiges und viel Brauchbares gelernt hat, so hat das Buch keine Schuld daran. Aber selbst der Lernende, welcher alle Vorschriften gewissenhaft ausgeführt hat, wird sich nicht „ohne Furcht als Engländer oder Franzosen hören lassen können", weil ihm vieles fehlt, was er für den lebendigen Gebrauch der Sprache nötig hat, wogegen er manches gelernt hat, was ihm hierzu wenig nützt. Durch Verarbeitung des einem Romane entnommenen Lesestoffes zu Konversationsübungen wird die erforderliche Fertigkeit in der Handhabung der Konversation, die sich doch hauptsächlich auf dem Gebiete des gewöhnlichen Lebens bewegt, nicht gewonnen, und doch erblicken die Herausgeber gerade in diesen Übungen das Hauptmittel zu diesem Ziele; weniger Wert legen sie auf Gespräche über Gegenstände des praktischen Lebens, von denen es heisst, es müsse für jeden, der die fremde Sprache gründlich studiert, auch von Interesse sein, seine Gedanken auf diesem Gebiete frühzeitig ausdrücken zu können. Wir sind vielmehr der Ansicht, dass in erster Linie die Fertigkeit in der Umgangssprache in Betracht kommt, die vornehmere Schriftsprache aber auch von Interesse ist für den, der eine fremde Sprache gründlich studieren will. Dass es für die ersten Gespräche nicht zu vermeiden war, „einen einfachen Stoff in fast kindlich einfacher Sprache zu behandeln", bedurfte gar keiner Entschuldigung, denn was hier kindlich einfache Sprache genannt ist, repräsentiert gerade das, was man in erster Linie nötig hat. Aus diesen Bemerkungen geht eben nur hervor, dass man der Litteratursprache grösseren Wert beilegt, als der Umgangssprache. Wenn dem der Umgangssprache zu entnehmenden und noch bedeutend zu vermehrenden Stoffe die ihm gebührende erste, auf die schwierige Litteratursprache vorbereitende Stelle eingeräumt, und die zahlreichen grammatischen Übungen etwas beschränkt und vor allen

Dingen nur in der fremden Sprache vorgeführt würden, könnten diese Unterrichtsbriefe wesentlich gewinnen. In ihrer jetzigen Gestalt sind sie für den Anfänger ein Umweg, wenn auch der Vorgerücktere sie, unter Weglassung der Übersetzungen in die fremde Sprache, mit grossem Nutzen studieren wird.

Die Begründer der Methode Toussaint-Langenscheidt haben dieselbe nur auf das Englische und Französische angewendet; ihre Nachahmungen für Italienisch, Spanisch, Portugiesisch, Dänisch, Schwedisch, Holländisch und Russisch zeigen nicht dieselbe auf die Original-Unterrichtsbriefe verwendete Sorgfalt, was auch erklärlich ist, wenn man berücksichtigt, dass die englischen und französischen Bücher während 30 Jahre in einer Reihe von Auflagen steter Vervollkommnung entgegengeführt sind.

Von der Robertsonschen Methode äussert Booch-Arkossy der Herausgeber der bei Breitkopf & Härtel in Leipzig erscheinenden „Bibliothek ausführlicher Lehr- und Lesebücher der modernen Sprachen und Litteraturen nach Robertsons Methode", dass dieselbe allein sicher, angenehm und schnell zum Ziele führe. Diese Methode legt, ebenso wie die Toussaint-Langenscheidts, mehr Gewicht auf die Litteratursprache als auf die Umgangssprache. In der genauen Behandlung und eingehenden Besprechung aller sprachlichen Erscheinungen steht sie den Original-Unterrichtsbriefen Toussaint-Langenscheidts zwar nach, liefert aber immer noch genug grammatisches Rüstzeug. Die Einübung des gebotenen Materials verteilt sich in folgender Weise: Leseübung, Interlinearübersetzung, gegenüberstehende Übersetzung der einzelnen Teile des Lesestückes, Vorführung des Lesestückes in Dialogform, systematischer grammatischer Unterricht, Verwertung der erworbenen Kenntnisse der Sprachgesetze in den grammatischen Übungen (Übersetzungen in die fremde Sprache) sowie in den Aufgaben der Satzbildung, welche sich anfangs an den Inhalt der Lesestücke anschliessen, später selbständige kleine Arbeiten enthalten; alles in der muttersprachlichen Form für die fremde Sprache vorbereitet. Konversationsübungen in der Sprache des Alltagslebens treten erst später auf. Es sind bis jetzt Lehrbücher für das Englische, Französische, Spanische, Italienische, Russische und Polnische erschienen.

Den Lehrbüchern von Boltz für Englisch, Spanisch, Italienisch und Russisch liegt ebenfalls Robertsons Methode zu Grunde. Der Absicht Robertsons, den Lernenden bald zum Sprechen der fremden Sprache zu befähigen, kommt Boltz näher als Booch-Arkossy, dadurch, dass er die grammatischen Übungen, und das, was Booch-

Arkossy Aufgaben der Satzbildung nennt, in der fremden Sprache vorführt und erst im zweiten Kursus in diese übersetzen lässt.*) Die Grammatik wird nicht allein synthetisch vorgeführt, sondern sie begleitet den Sprachstoff als Erklärung der einzelnen an ihm zum Ausdruck kommenden Erscheinungen, welche erst am Schlusse eines jeden Kursus nochmals systematisch zusammengestellt werden. Die vielen gelehrten Bemerkungen über Etymologie, welche Booch-Arkossy weise beiseite gelassen hat, werden in den Lehrbüchern von Boltz am besten übergangen oder für eine spätere Lektüre aufgespart.

Ein prinzipieller Unterschied ist zwischen den Methoden Toussaint-Langenscheidt und Robertson nicht vorhanden, was wohl seinen Grund darin hat, dass beide von der Jacotot-Hamiltonschen Methode ausgehen, deren Verbesserung sie bezwecken. Die erstere verdient aber wegen der gründlichen Behandlung der englischen und französischen Briefe und der Reichhaltigkeit des gebotenen Materials entschieden den Vorzug. Für Erlernung anderer Sprachen ist aus den Lehrbüchern von Boltz und Booch-Arkossy mehr Gewinn zu holen, als aus den schon erwähnten Nachahmungen der Methode Toussaint-Langenscheidt, welche, soweit wir Einsicht in dieselben genommen haben, eine erkleckliche Anzahl Ungenauigkeiten und Flüchtigkeitsfehler aufweisen. Indessen möchten wir auch für das russische Lehrbuch von Booch-Arkossy eine Prüfung der gesetzten Accente anempfehlen, die für die richtige Aussprache der Worte eine so grosse Bedeutung haben. Hier häufen sich die Fehler derart, dass es stellenweise besser gewesen wäre, gar keine Accente zu setzen.

Die Lehrbücher nach Ollendorf verzichten für den Lehrgang selbst auf eine systematische Grammatik, geben die Regeln nach Bedürfnis in den einzelnen Lektionen, einen kurzen zusammenhängenden grammatischen Abriss erst am Schlusse des Werkes, und entnehmen ihren Stoff mehr der Umgangssprache als der Litterärsprache. Dieser Methode ist hauptsächlich der Vorwurf zu machen, dass die Sätze sehr oft derartig unvernünftig gewählt sind, dass man sie in der Sprache überhaupt nicht findet, und die endlosen Wiederholungen derselben trivialen Dinge den Lernenden

---

*) Die Übersetzungen in die fremde Sprache in Booch-Arkossys Lehrbüchern lassen sich übrigens dadurch umgehen, dass man den am Schlusse des Werkes gebotenen Schlüssel zu den Übersetzungen als Lektüre, und die Aufgaben selbst als deren Erklärung benutzt.

nicht allein ermüden, sondern auch nicht geeignet sind, seine Kenntnis der Sprache viel zu erweitern. Es gilt dies nicht allein für den Anfang, wo es durch das geringe Material vielleicht zu entschuldigen wäre, sondern auch später in dem weiteren Verlaufe des Lehrbuchs. Dazu kommt die Unmasse von Übersetzungen, fast ausschliesslich in die fremde Sprache; für zusammenhängende Lektüre ist in einigen Lehrbüchern nach dieser Methode gar kein Material vorhanden.

Rosenthal macht sich die Beherrschung der Geschäfts- und Umgangssprache zur Aufgabe. Er täuscht sich indessen sehr in der Tragweite des von ihm gegebenen Materials; mit 1200 Wörtern glaubt er nach seinem Schema unendlich viele Sätze bilden zu können, ohne zu berücksichtigen, dass man nicht jedes der 1200 Wörter mit jedem anderen derselben verbinden kann. Ferner gehört zu einer vollkommenen Beherrschung des Materials eine ganz andere Durcharbeitung, als Rosenthal sie bietet. Nach Beendigung des Studiums, d. i. nach drei Monaten bei täglich einhalbstündiger Arbeit, hat der Schüler kaum die Hälfte der Ausdrücke zu freier Verfügung, denn nur die Hälfte wird genügend repetiert, um ihren Besitz für längere Zeit zu sichern. Genügen denn aber 1200 Ausdrücke für die Umgangs- und Geschäftssprache?*) Selbst bei noch sorgfältigerer Auswahl, als Rosenthal sie bietet, unter Hinzuziehung des Notwendigsten aus der Familiensprache, dürfte wohl die doppelte Anzahl anzunehmen sein. Noch eingehendere Bearbeitung des Materials und Erhöhung desselben auf das Doppelte würde aber heissen, acht bis neun Monate anstatt der gepriesenen drei zu setzen, und aller Nimbus ginge verloren. Und doch würde dies nur von grossem Vorteil für die Methode sein, und sie würde sich mehr Bahn brechen, als in ihrer jetzigen Gestalt; denn die drei Monate sind doch nur ein Köder für Unreife. Durch eine sorgfältigere Ausarbeitung würden ausserdem die vielen Ungenauigkeiten besonders der spanischen und italienischen Bücher vermieden werden; die französische Bearbeitung zeigt weniger Mängel; die besten sind unzweifelhaft die englische und die russische, letztere von Wilhelm Keller, dem Verfasser des ausgezeichneten russischen Sprachbuches (Riga 1878). Aus der Grammatik ist nur das Aller-

---

*) Die Geschäftssprache ist nur in dem englischen und russischen Lehrbuche etwas berücksichtigt, die französischen, spanischen und italienischen Hefte beschränken sich fast ausschliesslich auf die Umgangssprache, und zwar auf die dem Besucher des fremden Landes unentbehrlichsten Ausdrücke und Redensarten.

notwendigste mitgeteilt, teils im Anschluss an den Sprachstoff, teils in systematischem Ausbau.

Trotz der Unvollkommenheit der Rosenthalschen Werke ist das durch dieselben vertretene Prinzip entschieden ein Fortschritt. Die Sätze sind mit Geschick aus der Umgangssprache gewählt, die meisten werden täglich angewendet, so dass wirklich Brauchbares geboten ist, und da ein Teil des Stoffes in mannigfachen Kombinationen eingeübt wird, so ist auch dafür gesorgt, dass er sicheres Eigentum des Lernenden werde; man muss aber nicht mehr von ihnen erwarten, als sie zu geben im stande sind, nämlich die Kenntnis eines kleinen Teils der gesprochenen Sprache.

Es ist unbestritten, dass in den genannten Werken viel gethan ist, um die Erwerbung der fremden Sprache wenigstens anzubahnen, und wenn man sich den Inhalt eines derselben zu eigen gemacht, hat man eine Grundlage, auf der man nun den Rest des Weges, allerdings gewöhnlich den bei weitem grössten Teil desselben, leichter zurücklegen kann. Niemand darf seine Arbeit nach Beendigung eines solchen Kursus als abgeschlossen betrachten; denn jetzt ist es die Aufgabe des Studierenden, sein Können und Wissen zu erweitern, die Lücken durch die Praxis auszufüllen, und durch stetigen Gebrauch der fremden Sprache sich den Besitz derselben zu sichern. Das alles schliesst aber nicht aus, dass selbst für den teilweisen Erwerb fremder Sprachen Verbesserungen möglich sind, welche näher auszuführen im Folgenden, auf Grund der von uns aufgestellten Prinzipien, der Versuch gemacht werden soll.

Dem Anfang des Studiums fällt die Einübung der fremden Laute zu. Hier darf nur etwas durchaus Richtiges gelernt werden, und hier ist für den Selbstlehrer fremde Hilfe am nötigsten, damit er sich keine falschen Vorstellungen von den Lauten der fremden Sprache macht. Die Gewöhnung an eine unrichtige und nachlässige Aussprache verfehlt den Zweck der Erlernung; man versteht nicht, weil das Ohr sich an falsche Laute gewöhnt hat, und man wird nicht verstanden, weil die Sprachwerkzeuge ganz andere, der fremden Sprache häufig ganz unbekannte Laute hervorbringen. Und was hier falsch gemacht, lässt sich, wenn es einmal Wurzel gefasst, nur langsam und schwer wieder ausrotten. Deshalb ist für die Aussprache die Hilfe eines Nationalen oder eines Lehrers, der sie vollständig beherrscht, durchaus notwendig. In kurzer Zeit kann man sich dieselbe mit solcher Hilfe, die die Fehler an ihrer Quelle aufsuchen und methodisch beseitigen muss, vollkommen aneignen. Die verwandten Laute sind scharf zu unterscheiden und müssen nicht allein einzeln, sondern auch in ihren Verbindungen, in denen sie durch die vorhergehenden und folgenden Laute Modifikationen erleiden, eingeübt werden. Die Wiedergabe der Aussprache unter dem Texte, wie sie zuerst der Methode Hamiltons eigen war, und heute beispielsweise in allen Lehrbüchern nach der Robertsonschen und Toussaint-Langenscheidtschen Methode gebraucht wird, macht die Hilfe eines gründlichen Kenners der fremden Sprache nicht überflüssig; denn die richtigen Laute können immer nur annähernd durch die Schrift wiedergegeben werden. Die Umschreibung hat nur für solche Wert, welche, mit den richtigen Lauten und der Umschreibungsart bekannt, durch sie zu der richtigen Aussprache geleitet werden.

Weil die meisten Lehrbücher die fremde Aussprache allein durch Vergleich mit den muttersprachlichen Lauten lehren und die fremde Hilfe entbehrlich machen wollen, lassen sie von vornherein die Sprache nur mit dem Auge erfassen. Es ist dieser Umstand nicht allein die Quelle vieler Unrichtigkeiten in der Aussprache, da man sich bei Unsicherheit in der letzteren häufig die Orthographie oder mangelhafte Umschreibung als Richtschnur dienen lässt, sondern er macht auch das schnelle und unmittelbare Erfassen des Gesprochenen durch das Ohr zur Unmöglichkeit. Der nur an Schriftbilder gewöhnte Lernende muss erst die gehörten Laute im Geiste in Schrift umsetzen, um sie zu verstehen. Hiervon kann wohl jeder ein Lied singen, der wenig Gelegenheit gehabt hat, die fremde Sprache zu hören. Die Erfahrung bestätigt, dass Leute, die jahrelang nach Büchern eine Sprache gelernt haben, ihre schriftliche Darstellung besser kennen und sicherer gebrauchen, als mancher Nationale, der sich zuweilen wundert, dass dem Lernenden die Orthographie gar keine Schwierigkeiten macht. Mit der Aussprache ist es bei solchen häufig sehr schlecht bestellt*).

Hier sei noch darauf aufmerksam gemacht, dass man gewöhnlich die Schriftzeichen der fremden Sprache setzt und erklärt, sie werden wie diese oder jene Laute der Muttersprache ausgesprochen. Man geht also bei der Erklärung von den Lautwerten der muttersprachlichen Schriftzeichen aus, stellt sie als Norm und die der fremdsprachlichen als Abweichung hin. Man sollte aber vielmehr mit den

---

*) Andererseits hat die einseitige Gewöhnung an das gesprochene Wort Fehler in der schriftlichen Darstellung der Laute zur Folge. Wir haben beobachtet, dass Leute, die vor genauer Bekanntschaft mit der gesprochenen Sprache ihre Orthographie richtig handhaben, später infolge überwiegender Übung im Sprechen zuweilen kleine Orthographen machten.

in der fremden Sprache vorhandenen Lauten beginnen, die Art, wie sie hervorgebracht werden, erläutern und dann sagen, in der Schrift würden sie durch diese oder jene Zeichen dargestellt. Indessen ist nicht zu vergessen, dass alle theoretische Anleitung die Aneignung einer richtigen Aussprache nur unterstützen kann, sicher wird sie nur durch das gesprochene Wort selbst erworben*). Der Orientalist Professor Palmer erwarb sich seine bedeutenden Sprachkenntnisse durch Unterhaltung mit Nationalen, denen er die Laute und Formen ihrer Muttersprache gleichsam ablauschte. Er erlangte durch diese mündliche Methode eine solche Beherrschung der fremden Idiome, dass er beispielsweise von Zigeunern und Arabern für einen Volksangehörigen gehalten wurde. Abgesehen von ihrem grossen Werte für die Aneignung volkstümlicher und idiomatischer Redeweise, ist diese Art des Studiums auch für mittelmässig Begabte der kürzeste Weg zu der Erwerbung der richtigen Aussprache.

Die Erlernung der Aussprache kann nicht von der ersten Einführung in den Sprachstoff getrennt werden; sie ist vielmehr an ihm vorzunehmen und mit ihm fortschreitend zu befestigen.

Um eine direkte Verbindung zwischen der Anschauung des fremden Wortes oder Satzes mit der des Gegenstandes oder Gedankens zu ermöglichen, hat man versucht, den fremdsprachlichen Schulunterricht auf unmittelbare Anschauung zu gründen, ein System, bei welchem man die natürliche Spracherlernung zur Richtschnur nahm. Ein grosser Teil nicht allein der Substantive, Adjektive und Verben, sondern auch von Numeralien, Pronomen und Präpositionen lassen sich direkt mit Umgehung der Muttersprache erwerben. So nützlich ein solches Vorgehen aber auch bei dem Unterricht in den Elementarklassen ist, möchten wir dasselbe für das Privatstudium — für den Selbstunterricht ist diese Methode ohne ein Bilderbuch gar nicht durchzuführen — doch nicht empfehlen, weil die Hilfe der Muttersprache weniger umständlich ist. Indessen ist es zweckmässig, das Material für den ersten Sprachstoff so zu wählen, dass der Lernende Gelegenheit hat, die Gegenstände, deren Bezeichnung er lernen soll, oft zu sehen; auf diese Weise empfängt er Material

---

*) Hierzu ein hartes Wort von Plötz in dem Vorworte seiner „systematischen Darstellung der französischen Aussprache": „Es bleibt meine fest begründete Überzeugung, dass das Versprechen, die französische oder englische Aussprache ohne jede mündliche Überlieferung durch ein Buch lehren zu wollen, in das Gebiet der Charlatanerie gehört".

zur Repetition und festen Einübung des Gelernten im Anschluss an wirkliche Objekte. Der Inhalt der für den Anfang einfach zu konstruierenden Sätze sollte sich daher auf sinnfällige Gegenstände aus unserer nächsten Umgebung beziehen. Man lege auf die allgemeinen Ausdrücke mehr Wert als auf spezialisierte Worte. Es ist wichtiger zu wissen, wie „Fisch" in der fremden Sprache ausgedrückt wird als „Goldfisch" und andere besondere Arten von Fischen, wichtiger zu wissen, was „Baum" heisst und wie „Pflanze" benannt wird, als die „Linde" oder mehrere Pflanzenspezies bezeichnen zu können*). Die zu wählenden Sätze müssen im alltäglichen Leben wirklich und häufig vorkommen. Alles Überflüssige ist von dem Material fern zu halten; denn da bekanntlich nur ein Teil des Vorgeführten im Gedächtnis des Lernenden so haften bleibt, dass er es selbst jederzeit reproduzieren kann, so darf nichts Unbedeutendes oder wohl gar Triviales geboten werden, das die Aneignung des wirklich Brauchbaren nur erschweren könnte. An den Gegenständen lerne man die sinnfälligen Eigenschaften und Thätigkeiten zuerst benennen und bringe dann erst ihr Verhalten zu anderen Dingen in der fremden Sprache zum Ausdruck.

So lange es sich um sinnliche Dinge mit ihren augenscheinlichen Eigenschaften, Thätigkeiten und Verhältnissen handelt, ist die Anschauung zwar auch direkt oder durch das Bild zu gewinnen, mit der Bezeichnung ihrer feineren Beziehungen untereinander wird die Schwierigkeit aber grösser; denn nun betreten wir das Gebiet der abstrakten Dinge, welche häufig nur durch Vorstellung ganzer Situationen, für welche das lebendige Bild selten vorhanden ist, und die daher schwer fixierbar sind, in die Anschauung gebracht werden können; und hier ist die Hilfe der Muttersprache unentbehrlich. Manchmal genügt allerdings eine Umschreibung, um auf den durch das fremde Wort bezeichneten Gegenstand hinzuweisen; in der Regel aber führt die wörtliche Übersetzung am schnellsten zum sicheren Verständnis und zur Schöpfung eines Situationsbildes, an welches für die Folge die fremdsprachliche Bezeichnung direkt angeschlossen wird.

So mannigfaltig auch die Beziehungen auf dem Gebiete abstrakter Begriffe und so fein die Unterschiede hier ausgebildet sein mögen,

---

*) Jemand, der die spanische Sprache wie seine Muttersprache handhabte übersetzte „zu den drei Linden" nach einigem Nachdenken mit „á los tres árboles (zu den drei Bäumen). Die wegen ihres selteneren Vorkommens schwerer zu merkenden spezialisierten Ausdrücke für greifbare Gegenstände lassen sich mit Hilfe des gemeinsamen Gattungsnamens leicht umschreiben.

so ist doch die sichere Handhabung ihrer Bezeichnungen in der Muttersprache weniger ein Resultat des Unterrichts als der Beobachtung, dass bestimmte Worte und Ausdrucksweisen immer in gewissen Verbindungen wiederkehren und innerhalb dieser allein üblich sind, so dass wir auch in der fremden Sprache diesen Weg der Beobachtung und fortgesetzten Wiederholung solcher Bezeichnungen innerhalb ganzer Wortverbindungen, d. h. Sätzen, einschlagen müssen zur Aneignung dieses in allen Kultursprachen grösseren Teils des Sprachschatzes.

Aus dem Zusammenhange des Satzes herausgerissen, ist das Wort tot, nur in der Verbindung mit anderen Worten lebt es. Hier erhalten ganz besonders die abstrakten Bezeichnungen ihre individuelle Färbung, ausserhalb des Satzes aber sind sie oft unverständlich. Durch den Gebrauch des Wortes im Satze wird also das Verständnis desselben erleichtert, und die Anschaulichkeit seines Inhalts durch die unterstützende Erklärung seitens der übrigen Worte erhöht. Hierzu kommt noch ein anderer Umstand, der uns zwingt, das Vokabellernen, das Auswendiglernen einzelner zusammenhangsloser Wörter von unserem System fern zu halten. Es ist eine bekannte Thatsache, dass das Gedächtnis eine bedeutende Rolle bei der Erlernung fremder Sprachen spielt, so dass es von grossem Vorteile sein muss, die Arbeit desselben zu unterstützen. Die Aufgabe der Gedächtniskunst besteht nun darin, nach einem bestimmten Plane künstliche Beziehungen zwischen heterogenen Vorstellungen zu schaffen, um diese mit Hilfe solcher dauernd zu verknüpfen; und da die Worte innerhalb des Satzes sich in einem natürlichen Zusammenhang befinden, die von der Gedächtniskunst künstlich zu schaffenden Beziehungen hier also natürlich vorhanden sind, so muss es auch leicht sein, sich die Worte in ihrer Verbindung zu merken, wo das Vorhergehende und Folgende Anhaltspunkte für das Gedächtnis gewähren, und ein Wort das andere mühelos reproduziert.

Wie die Worte zu Sätzen geformt werden müssen, um ihre Anschaulichkeit zu erhöhen und die Gedächtnisarbeit zu verringern, so sollten auch die Sätze unter einander einen inneren Zusammenhang zeigen. Man wähle sie deshalb bald derart, dass ihr Inhalt in ein Bild gefasst werden kann, und man auf diese Weise eine lebendige einheitliche Anschauungsform für denselben gewinnt. Je enger der Zusammenhang der einzelnen Sätze untereinander ist, desto häufiger werden sich auch dieselben Worte wiederholen, was zur sicheren Erlernung ihren Formen und ihres Wertes wesentlich beiträgt. Gespräche über Gegenstände des Alltagslebens, Anekdoten und die Umgangssprache vorführende kleine Erzählungen könnten hier passendes Material liefern. Kann man die Hilfe eines Lehrers haben, so hätte dieser die Sätze vorzusprechen, nachsprechen zu lassen, wenn nötig, ganz oder teilweise zu übersetzen und, nachdem das Verständnis erzielt und der Gedanke durch lebendige Vorstellung veranschaulicht ist, wieder vorzusprechen und von dem Lernenden so lange wiederholen zu lassen, bis er ihren sprachlichen Inhalt beherrscht. Das Material zu den Sätzen wäre von dem Lehrer selbst zu schaffen, wenn keine geeigneten Hilfsmittel vorhanden sein sollten. Erst wenn einige Kenntnis erzielt ist, gehe man zu Gesprächen, Anekdoten und Erzählungen über, die in derselben Weise wie das bisher Erlernte vorzunehmen und auswendig zu lernen sind, zu welchem Zwecke nun auch die Lektüre in den Unterricht gezogen wird, und jetzt, neben dem bisher allein gebildeten Ohr, auch das Auge und damit die Orthographie der fremden Sprache geübt wird. Der Lernende ist jetzt im stande, Laut und Schrift scharf zu unterscheiden.

Im Selbststudium, wo das lebendige Wort des Lehrers fehlt, ist der Lernende von vornherein genötigt, vermittelst der Schrift zu dem gesprochenen Worte zu gelangen, was ihm keine Schwierigkeiten macht, wenn er sich die richtigen Laute mit Hilfe eines der Sprache Kundigen angeeignet und ihre Vertreter in der Schrift kennen gelernt hat. Er weiss dann, wie die Laute in der Schrift dargestellt und wie, um uns des landläufigen Ausdrucks zu bedienen, die Buchstaben ausgesprochen werden. Es ist dann auch nur bei abweichender Aussprache diese besonders anzugeben, während die phonetische Umschrift jedes einzelnen Wortes, die ausserdem doch nicht immer scharf wiedergegeben werden kann, überflüssig wird Dagegen kann im Selbstunterricht die Vermittelung der Muttersprache für das Verständnis des fremdsprachlichen Textes nicht umgangen werden, wie dies wenigstens teilweise bei einem auf unmittelbare Anschauung gegründeten Unterrichte durch einen Lehrer zu ermöglichen ist. Der fremde Text muss hier von einer Übersetzung in der Muttersprache begleitet sein, am besten unter dem fremdsprachlichen Texte und sich diesem Wort für Wort anschliessend (Interlinearübersetzung), um den Lernenden überall in stand zu setzen, sich über die Bedeutung der einzelnen Worte und Satzglieder Rechenschaft zu geben. Je schneller das gewählte Material in die Anschauung umgesetzt werden kann, desto leichter wird dem Lernenden die Arbeit. Man betrachte folgenden Satz:

Soyez assez bon de me prêter ce livre-ci; je le lirai
Seien Sie so gut zu mir leihen dieses Buch hier; ich es werde lesen
ce soir pour vous le rendre demain matin.
diesen Abend um zu Ihnen es wiedergeben morgen Vormittag.

Hat man einmal diesen Satz mit Hilfe der Übersetzung verstanden, sich die Situation der Bitte, des Lesens und des Wiedergebens, sowie die Zeitpunkte gehörig veranschaulicht, ihn dann wiederholt laut gelesen und auswendig gelernt, so wird man ihn nicht allein jederzeit ohne Übersetzung verstehen, sondern ihn auch vorkommenden Falls unmittelbar aus der Situation in diese Form kleiden können.

Unser erstes Ziel bei der Erlernung einer fremden Sprache ist, dieselbe in Wort und Schrift zu verstehen. Das Verstehen geht dem Sprechen voran. Um eine Reihe selbst der einfachsten Gedanken in dem fremden Idiome mündlich oder schriftlich äussern zu können, ist es notwendig, sie und noch viele andere in derselben wiederholt gehört und verstanden zu haben; denn, wie schon erwähnt, ist immer nur ein Teil des Aufgenommenen reproduktionsfähig. Auch in der Muttersprache steht dem grossen Teile, den man als Mitteilungen anderer versteht, ein kleinerer Teil der Sprache gegenüber, welchen man für den eigenen Gebrauch zur Verfügung hat. Aus diesem Grunde ist auch das Verständnis leichter zu erzielen, als das Sprechen selbst; je mehr man aber von der fremden Sprache verstanden und wenn möglich auswendig gelernt hat, desto mehr wird man auch im stande sein, in ihr zu äussern; darum muss das Verständnis der fremden Sprache allseitig gefördert und ausgedehnt werden.

Man schreite nun, nach einem fleissigen Studium der einfachsten Formen der Umgangssprache und leichter in einfacher Form abgefasster Erzählungen geringeren Umfangs (wie oben beschrieben), zu der Lektüre eines grösseren Schriftwerkes, wozu sich am besten ein Konversationsstück im Genre der französischen, italienischen und spanischen Komödien (Scribe, Augier, Goldoni, Hartzenbusch) eignet. Um die Hilfe der Muttersprache für das Verständnis des fremdsprachlichen Textes möglichst zu beschränken und den gedanklichen und sprachlichen Inhalt des Stückes einander näher zu bringen, möchten wir dringend anraten, sich zuerst mit dem Inhalte des Lustspiels in der Muttersprache bekannt zu machen; und um die Anschaulichkeit des Inhalts noch zu erhöhen, versäume man nicht, der Darstellung des zu lesenden Stückes auf der Bühne beizuwohnen, was beispielsweise bei vielen französischen (Scribe, Feuillet,

Sardou, Augier, Pailleron) und dänischen (Ibsen, Björnson) Lust- und Schauspielen unschwer zu ermöglichen ist. Der Reihe solcher der deutschen Bühne zugängig gemachten fremden Autoren schliessen sich deutsche und fremde Schriftsteller an, deren Stücke ins Englische, Italienische, Spanische, Schwedische, Holländische etc. übersetzt sind, so dass an geeigneten Bühnenwerken kein Mangel ist. Wenn vollkommene Vertrautheit mit dem Stoffe erzielt ist, nehme man erst die fremde Fassung vor, welche man jetzt ohne Schwierigkeit versteht. Zur Beseitigung etwaiger Unklarheiten kann der deutsche Text zur Erklärung herangezogen werden; ausserdem giebt es ja von manchen Bühnenstücken Ausgaben, welche die schwierigen und der fremden Sprache eigentümlichen Ausdrucksweisen erklären und somit zum vollen Verständnis führen.

Ein Konversationsstück schlagen wir deshalb vor, weil die Sprache desselben der gebildeten Umgangssprache am nächsten steht im grossen und ganzen sogar mit ihr identisch ist, und ausserdem der Text leicht veranschaulicht werden kann. Diese Art des Studiums ist einem schnellen und richtigen Verständnis förderlich. Bleibt man bei einer ganz fremden Lektüre über die Bedeutung vieler Worte und Sätze im Unklaren, so können hier solche Zweifel schwerer Platz greifen, da man ja genau weiss, was durch dieses oder jenes Wort, durch diesen oder jenen Satz ausgedrückt werden soll und schlimmsten Falls die muttersprachliche Fassung zur Erklärung heranziehen kann. Weil der Inhalt in allen Teilen bekannt und veranschaulicht ist, also eine direkte Verbindung von Vorstellung und sprachlichem Ausdruck derselben stattfindet, umgeht man auch bei solcher Lektüre bis auf wenige Ausnahmen die Vermittelung der Muttersprache. Neben dem Lustspiel, dem wir bei der Wahl der Lektüre aus den angeführten Gründen den Vorzug geben, bietet auch der Roman, auf den man in einigen Sprachen fast allein angewiesen ist, als Schilderung von Menschen in all ihren natürlichen und gesellschaftlichen Beziehungen, passendes Material zur Bereicherung des Wort- und Phrasenschatzes.

Die Lektüre eines grösseren Werkes bietet den Vorteil, dass die Worte und Redewendungen, welche bei demselben Schriftsteller oft wiederkehren, dem Gedächtnis häufiger dargeboten und sicherer eingeprägt werden; ganz besonders ist dies jedoch der Fall, wo der Autor seine Betrachtungen auf wenige Punkte konzentriert; aus diesem Grunde sind Werke wie Silvio Pellicos „Meine Gefängnisse", welche in fast alle europäischen Sprachen übersetzt sind, für eine spätere Lektüre dem eine gründliche Kenntnis der fremden Sprache

Suchenden zu empfehlen. Ein Roman wie Goldsmiths, ebenfalls in alle Kultursprachen übersetzter „Pfarrer von Wakefield", der den Leser in die verschiedenen Verhältnisse des Lebens einführt, ist dagegen geeignet, seinen Wortschatz bedeutend zu bereichern. Zu solchen in mehreren Sprachen vorhandenen Werken ist auch denjenigen zu raten, denen es nur um Erzielung des Verständnisses fremdsprachlicher Litteraturerzeugnisse zu thun ist; schliesslich können sie das Werk auswendig und werden in jede fremde Sprache schneller eingeführt, weil sie dieselbe innerhalb dieses Schriftwerkes selbst, ohne jedes andere vorhergehende Studium, verstehen lernen. Da der Inhalt eines solchen Buches in Fleisch und Blut übergegangen ist, so unterstützt die durch jedes Wort und jeden Satz hervorgerufene lebendige Anschauung die unmittelbare Auffassung der fremden Sprache. Alle, denen die Lektüre nur das nötige Material für den mündlichen und schriftlichen Verkehr mit anderen schaffen soll, sind indessen vor Werken zu warnen, die der höheren Schriftsprache angehörend, solchem Zwecke nicht genügen können. Je mehr die Sprache eines Schriftwerkes der einfachen, ungeschmückten Rede gleichkommt, desto grösserer Gewinn ist aus ihr für die eigene Handhabung zu holen. Wir möchten hier auf die in sehr vielen europäischen Sprachen erschienenen Kinder- und Hausmärchen der Brüder Grimm und Andersens Märchen aufmerksam machen, die in einfacher anspruchsloser Form wahrhaft brauchbaren Stoff liefern.

Lord Macaulay schrieb aus Calcutta nach seiner Heimat um die beste deutsche Grammatik und das beste deutsche Wörterbuch, eine deutsche Bibel, Schillers Werke, Göthes Werke und Niebuhrs Geschichte, sowohl im Original, als auch in der Übersetzung, da er beabsichtigte, die vier Monate dauernde Heimreise zur gründlichen Erlernung der deutschen Sprache zu benutzen. Er erklärt in dem Briefe: „Wenn ich eine Sprache lernen will, fange ich stets mit der Bibel an, welche ich ohne Wörterbuch lesen kann. Nach einigen Tagen solchen Studiums beherrsche ich alle gewöhnlichen Partikel, die gewöhnlichen syntaktischen Regeln und einen ziemlich grossen Wortschatz. Dann greife ich zu einem guten klassischen Werke. Auf diese Art lernte ich Spanisch und Portugiesisch und werde dieselbe Methode bei dem Deutschen versuchen."*) Dass aber der Wortschatz der Bibel und die darin enthaltenen altertümlichen Formen und Redewendungen, sowie die ausschliessliche Lektüre klassischer Werke wenig geeignet sind zur Einführung in eine

---

*) The life and letters of Lord Macaulay, Tauchnitz-Ausgabe, Band 2, S. 241.

moderne Sprache, sollte Lord Macaulay bei dem Gebrauche seines Italienischen erfahren. „So lange die gewöhnlichen Unterhaltungsgegenstände, wie Eisenbahn, Hotel, verhandelt wurden, wusste Macaulay wenig zu sagen, aber sobald das Gespräch auf Politik oder Litteratur kam, setzte er seinen Lehrer in Erstaunen und Verlegenheit durch den Reichtum seines etwas altertümlichen Wortvorrats. Der Lehrer traute kaum seinen Ohren, als sein Schüler, dem die geläufigen Ausdrücke fehlten, um sein Gepäck zu verzollen oder poste restante Briefe auszulösen, gegen die französische Besetzung Roms in einem Strom von Phrasen herzog, der geradeswegs aus der Feder Fra Paolos hätten kommen können."*)

Man wähle also zu solcher Lektüre nur Werke, die bezüglich des Inhalts mit unseren Ideen und Zuständen übereinstimmen, und deren Sprache die heutige Form repräsentiert.

Auch Schliemann erwarb sich die ersten Kenntnisse des Russischen durch eine Übersetzung von Fénélons „Abenteuer des Telemach", die des Neugriechischen durch eine solche von Bernardin de Saint-Pierres „Paul und Virginie". Schliemann bemerkt dazu, dass er nach einmaligem Durchlesen des letztgenannten Werkes die Hälfte der in dem Buche vorkommenden Wörter innehatte.

Die Auswahl unter den in verschiedenen Sprachen vorhandenen Werken ist auch in der neuesten Litteratur sehr gross; fast jedes bedeutende Drama und wohl jeder gute Roman findet sich in der einen oder anderen Sprache übersetzt, häufig in mehreren.

Soll die Lektüre von dauerndem Nutzen sein, nehme man sie wiederholt vor und versäume nicht, gefundene noch ungeläufige und für die fremde Sprache charakteristische Wendungen, Phrasen und Bilder, die von den in der Muttersprache gebräuchlichen häufig ganz verschieden sind, zu notieren und auswendig zu lernen. Es ist viel vorteilhafter, ein Buch aufmerksam und wiederholt zu lesen, damit der sprachliche Inhalt in Fleisch und Blut übergehe, als viele Bücher zu durchlaufen und nichts oder doch nur wenig davon zu behalten. Bei der kursorischen Lektüre liest man gewöhnlich Worte, ohne sich die dadurch bezeichneten Objekte immer klar zu machen; auch ist der eigenen Kombination der schnell gelesenen und halb verstandenen Worte Thür und Thor geöffnet, so dass von Verarbeitung des

---

*) The life and Letters of Lord Macaulay, Band 4, S. 246, citiert von Fels, Artikel „Sprachunterricht" in Meyers Konversationslexikon, zwanzigster Band, 1882—1883.

sprachlichen Materials und Nutzen für das eigene Sprechen nicht die Rede sein kann. So lange man eine Sprache lernt, sie also noch nicht in dem gewünschten Grade beherrscht, ist nur statarische, bei den Einzelheiten verweilende Lektüre anzuraten, die allein das Können der Sprache unterstützt, weil nur hier der Eindruck der fremden Sprache stark genug ist, um den Sprachstoff längere Zeit im Gedächtnis haften zu lassen und bei der freien Verwendung der Sprache reproduktionsfähig zu erhalten; es sei denn, dass es sich um wiederholtes Lesen eines in all seinen Teilen bekannten Inhalts handelt. Kursorisches Lesen unbekannter Werke ist aber erst angebracht, wenn man so weit in der fremden Sprache vorgedrungen ist, dass das Gelesene schnell und unmittelbar verstanden wird; mit anderen Worten, intensive Lektüre soll uns die Sprache lehren, kursorische soll ihren Besitz erhalten und erweitern.

Dem Verständnis der fremden Sprache muss die Ausübung derselben in Wort und Schrift unmittelbar folgen. Nur fortgesetzter Gebrauch führt zur Geläufigkeit in ihrer freien Verwendung. Man versäume deshalb auf keiner Stufe des Studiums, sobald nur einige Kenntnis der Sprache erzielt und ein gewisser Stamm von Ausdrücken und Redewendungen angeeignet ist, sie aktiv auszuüben. Am schnellsten führt die Unterhaltung mit Nationalen oder solchen, die der fremden Sprache durchaus kundig sind, zum Ziele, da hier das Ohr und die Sprachorgane, letztere durch Verbesserung der falschen Laute, ausgebildet werden, und man ausserdem Gelegenheit hat, die in der Umgangssprache wirklich gebrauchten Wendungen sich anzueignen, beziehungsweise die Anwendung falscher Formen berichtigt werden kann. Einen Fehler, auf den man aufmerksam gemacht wird, begeht man nicht leicht wieder. Kann man diese Sprechübungen systematisch vornehmen im Anschluss an einen gelesenen Stoff, indem man sich Fragen aus demselben stellen lässt, die aus dem bekannten Material beantwortet werden können, oder auf gestellte Fragen in der Hauptsache bekannte Antworten erhält, so ist dies für den Anfang zu empfehlen; es ist dies eine Übung die, wenn öfter wiederholt, bald frei macht und dem Lernenden grosse Befriedigung gewährt, indem sie ihm Gelegenheit bietet, das Erlernte vielseitig zu verwerten. Selbstverständlich ist das Schreiben, durch welches das Material intensiv erfasst wird, ein mächtiger Hebel für das Sprechen. Eigene auf Grund des Gehörten oder Gelesenen ausgeführte kleinere Arbeiten, Zusammenstellung von Gesprächen, Inhaltsangaben des Gelesenen, denen sich später selbständige über uns interessierende Gegenstände anschliessen, lasse man sich korrigieren, um sie alsdann auswendig zu lernen oder doch häufig zu lesen; man vermeidet dadurch Wiederholung gemachter Fehler. Das auf diese Weise Niedergeschriebene und nach der Korrektur wiederholt Gelesene prägt sich dem Gedächtnis fest ein und kann beliebig reproduziert werden; wenn dies anfangs auch im Anschluss an die Schrift geschieht — eine Thatsache, die aber auch im Gebrauche der Muttersprache konstatiert werden kann —, sieht man allmählich doch von derselben ab, und dies um so eher, je häufiger man einzelne Teile des so Angeeigneten in der Rede verwendet. Später präpariere man sich mündlich auf beliebige Gegenstände, um sie mit dem der fremden Sprache Kundigen zu diskutieren; auf diese Art kommt man allmählich dahin, über jeden Gegenstand reden zu können, und dann hat man an dem Kenner der fremden Sprache eine praktische Chrestomathie, wie sie brauchbarer in der Schrift nicht existiert.

Für die Erweiterung der Sprachkenntnisse ist es zweckmässig, mit mehreren Nationalen zu verkehren, denn jeder hat seine besondere Sprache, durch deren Studium wir unsere eigenen Kenntnisse der fremden Sprache bereichern.

Bei der Erlernung einer fremden Sprache ist sie selbst, nicht ihre Grammatik das Objekt. Grammatik als Lehre von der wechselnden Gestalt der Worte, von ihrer Fügung zu Sätzen und der Verbindung dieser untereinander, ist eine Abstraktion aus der Sprache, die, auf einer schon hoch entwickelten Kulturstufe vorgenommen, auch nur hier Verständnis findet. Auf niedriger Kulturstufe stehende Völker schaffen keine Grammatik, und Ungebildete kennen sie nur vom Hörensagen, und doch beherrschen beide ihre Sprache. Wie viele Menschen sprechen ihre Muttersprache, mag dieselbe auch noch so kompliziert sein, durchaus richtig, ohne je bewusst in die Grammatik eingeführt zu sein; sie haben durch unausgesetzten Gebrauch derselben ihre Schwierigkeiten überwunden. Und auch fremde Sprachen werden auf diese Weise erlernt, nicht allein durch ihren ausschliesslichen Gebrauch im fremden Lande, wo die Muttersprache dann allmählich durch die fremde ersetzt wird, sondern auch neben der Muttersprache. An Stelle grammatischer Regeln treten hier Wort- und Satzformen, die eine feste Norm für andere abgeben und welche bei dem Gebrauche der fremden Sprache allmählich unbewusst wirken, um dann andere gleichartig zu bilden, falls der Sprachgebrauch nicht abweichende Wege, die Ausnahmen der Regeln, einschlägt, welche dann besonders gemerkt werden. Natürlich führt hier nur vielseitiger Gebrauch zur sicheren

Beherrschung der fremden Sprache neben der Muttersprache. Leichter als eine Menge von Belegen zur sicheren Anwendung einer Ausdrucksweise zu merken, muss es aber sein, sich ein massgebendes Beispiel bewusst zu eigen zu machen und die übrigen ähnlichen bewusst auf dasselbe zu beziehen. Das soll die Grammatik lehren, und hierin unterstützt sie das Gedächtnis ganz wesentlich und wird ein bedeutendes Förderungsmittel für den richtigen Gebrauch der Sprache, der jetzt nicht allein nach dem, was man sagt, kontrollierbar ist, sondern nach einem bestimmten Muster.

Der Gebrauch des Konjunktivs in gewissen Verbindungen als Bezeichnung der Ungewissheit ist an der Hand einiger treffender Beispiele leichter zu merken, als seine Anwendung instinktiv aus der Sprache zu erlernen, wo vieles von der Individualität des Sprechenden oder Schreibenden abhängt; mit anderen Worten, gegen eine Spracherscheinung, welche man an der Sprache selbst bewusst kennen gelernt und fixiert hat, wird man weniger oft verstossen, als wenn man sich über ihren Charakter nicht klar ist und auf der Suche nach Analogien so lange im Dunkeln tappt, bis eine ausgedehnte Praxis das Gefühl für das, was richtig oder falsch ist, ausgebildet hat. So kann die Grammatik einen guten Teil der für die fremde Sprache fehlenden Übung ersetzen, wenn auf richtige Weise betrieben, wenn die Sprache selbst, auf ihre Grammatik geprüft, zum Bewusstsein gebracht wird.

Es ist also nicht allein interessant für den Lernenden, in die Elemente der Sprache bewusst eingeführt zu werden, es ist dies auch von grossem Vorteile; der, welcher keine klare Einsicht in den Bau einer Sprache gewonnen hat, wird oft im Zweifel sein, ob er eine sich ihm aufdrängende Ausdrucksweise wagen darf, oder ob sie dem Charakter der Sprache widerspricht; es sei denn, dass die erlangte Übung und das mit ihr gewonnene Sprachgefühl ihn instandsetze, immer das Richtige zu treffen. Vor Fehlern bewahrt nur eine ausgedehnte Praxis, und wer eine solche nicht hat, wird die Lücke durch rationelles grammatisches Studium ausfüllen können. Da wir gewöhnt sind, unsere Gedanken in Worten zu denken, so bedarf es grosser Anstrengungen, beim Gebrauche der fremden Sprache die Worte der Muttersprache fern zu halten, und das Bestreben, die Gedanken in die fremden Worte zu kleiden, ist eine Arbeit, die sich anfangs mehr oder weniger bewusst vollzieht, ob sich der Gebrauch der fremden Sprache nun auf blosse Übung oder auch auf Kenntnis der grammatischen Regeln stützt; zu ihrer unbewussten richtigen Handhabung gelangt man aber schneller, wenn die durch die Grammatik gewonnene Sprachkenntnis durch Übung dem Sprachgefühl allmählich Platz macht. Können wir also der Hilfe der Grammatik nicht entraten, so ist sie doch dem Sprachstoffe selbst unterzuordnen. Statt von grammatischen Regeln auszugehen und sie an allen möglichen Beispielen einzuüben, müssen sie aus der Sprache abstrahiert und die so gefundenen Gesetze durch die Beispiele fixiert werden, welche zu ihrer Entdeckung führten, und auf welche im weiteren Verlaufe der Lektüre vorkommende ähnliche Fälle bezogen werden. Aus diesem Grunde empfehlen wir wieder die statarische Lektüre, welche bei den grammatischen Erscheinungen verweilt und deren Aneignung durch wiederholtes Merken sichert.

Im Privatunterricht könnte der Lehrer das grammatische Material an dem Sprachstoff vorführen und den Lernenden durch Vergleich analoger Fälle die Regel selbst finden lassen. Für das Selbststudium ist indessen ein grammatisches Lehrbuch notwendig, welches den Sprachstoff als Erklärung seiner Erscheinungsformen begleitet. Da hierbei der grammatische Apparat nicht übersichtlich vorgeführt wird und deshalb nicht zur schnellen Orientierung über grammatische Fragen dienen kann, so ist später die aufmerksame Lektüre einer systematischen Grammatik vorzunehmen; dies gilt sowohl für den Privat- wie Selbstunterricht. Eine solche Grammatik muss vor allen Dingen die übersichtlich geordnete Formenlehre enthalten und von gutgewählten charakteristischen Beispielen, die wirklich häufig vorkommende Sätze und Phrasen des Alltagslebens darstellen oder guten volkstümlichen Prosaikern entlehnt sind, ausgehend, die wichtigsten sprachlichen Erscheinungen erläutern. Das hier gebotene stoffliche Material muss so beschaffen sein, dass es sich häufiger wiederholt, um denselben Stoff in den verschiedensten Beziehungen zu zeigen. Es ist unnütz, Regeln zu lernen ohne das lebendige Beispiel, es würde dies das Gedächtnis unnötig belasten. Es brauchen aber auch nicht alle möglichen Regeln durch Beispiele veranschaulicht zu werden. Die Grammatiker haben viele sehr wenig charakteristische sprachliche Erscheinungen in Regeln gefasst, denen dann oft ein Heer von Ausnahmen folgt, vor denen dem Lernenden bange werden muss; das Studium der Grammatik soll die Erlernung der Sprache aber erleichtern, und dies kann sie nur, wenn sie sich auf das beschränkt, was überall durch die Sprache illustriert wird, was sich in der familiären, der gewählten Umgangs-, sowie in der Litteratursprache findet; mit einem Wort, auf die Elemente der Sprache, auf das, was allen ihren Formen gemeinsam ist, muss einzig und allein Gewicht gelegt werden; spezielle der Litterärsprache angehörende Ausdrucksweisen und syntaktische Kapricen, die häufig noch einen ganz individuellen Charakter tragen, da sie nur bei demselben Schriftsteller sich wiederholen, sind für die Praxis unberücksichtigt zu lassen, wenn sie auch vielen Stoff zur Bereicherung unserer wissenschaftlichen Grammatiken geliefert haben.

Die verschiedenen Sprachen bedingen natürlich häufig abweichende Behandlung. Da die Erlernung einer fremden Sprache leicht oder schwer ist, je nachdem ihre Grammatik einfach oder kompliziert sich darstellt und sie selbst sich enger an die Muttersprache oder eine bekannte fremde Sprache anschliesst, oder sich weiter von ihr entfernt, so ist bald ein eingehenderes Studium der Grammatik und wiederholte Einübung des für das Gedächtnis in keiner Weise Anhaltspunkte gewährenden Sprachstoffs notwendig, bald genügt eine aufmerksame Lektüre der Grammatik und weniger häufiges Hören und Lesen desselben Materials, um seinen Besitz zu sichern.

Die Konjugation in den romanischen, die Deklination in den slavischen Sprachen bieten nicht unbedeutende Schwierigkeiten, und zu den gefürchtetsten syntaktischen Partien gehört neben anderen der Gebrauch der Zeiten und Moden des Verbums in den romanischen Sprachen, speziell dem Französischen, sowie die eigentümlichen uns befremdenden Unterscheidungen in den Ausdrucksformen des Verbums der slavischen Sprachen. Dagegen bietet das Englische geringe grammatische Schwierigkeiten; die übrigen germanischen Sprachen stimmen sogar in den wesentlichen Punkten der Syntax mit dem Deutschen überein; und da ausserdem noch der Wortschatz grosse Ähnlichkeit mit dem unsrigen hat, so ist es einleuchtend dass das Studium der germanischen Sprachen, mit alleiniger Ausnahme des sich weiter entfernenden Englischen und des altertümlichen Isländischen, in einfacherer Weise betrieben werden kann, als das einer romanischen oder slavischen Sprache. Die holländische Sprache kann dadurch, dass man sich anfangs leichte dann allmählich schwerer werdende Sätze vorsagen und erklären lässt, um sie nachzusprechen, und im Anschlusse hieran die Lektüre in der oben beschriebenen Weise betreibt, vollständig erlernt werden; eine aufmerksame Lektüre der Grammatik genügt für das richtige Verständnis der Sprachformen.

Auf diese Weise kann man innerhalb eng verwandter Sprachen vorgehen, wenn eine derselben bekannt ist. Auf Grund der Kenntnis des Dänischen lernt man auf diese Art Schwedisch, und umgekehrt; und ähnlich verhält es sich mit Spanisch und Portugiesisch, mit den ostslavischen Sprachen (Russisch, Serbisch, Bulgarisch) untereinander und innerhalb der westslavischen Sprachen (Polnisch, Böhmisch, Wendisch). Hierbei ist indessen zu berücksichtigen, dass, je grösser die Verwandtschaft einer zu erlernenden Sprache mit einer bereits gekannten ist, die Sprachformen desto schärfer von den gekannten der verwandten Sprache zu unterscheiden sind, da sonst leicht Verwechselungen Platz greifen, die störend wirken und die Erlernung der betreffenden Sprache erschweren, während doch gerade die Verwandtschaft mit einem bekannten Idiome ihre Aneignung erleichtern soll.

Mag die Erwerbung einer lebenden Sprache mehr oder weniger Schwierigkeiten bieten, als die einer anderen, das Ziel ist bei allen doch dasselbe: Verstehen und Anwenden der fremden Sprache in Wort und Schrift. Anders ist dies bei dem Studium der alten Sprachen für praktische Zwecke; da diese nicht in lebendigem Gebrauch sind und es auch wegen ihres für unsere Verhältnisse nicht ausreichenden Wortschatzes, der eben einen längst überwundenen Kulturzustand repräsentiert, nicht sein können, handelt es sich bei ihnen nur um das Verständnis des in ihnen niedergelegten Inhaltes. Die mit der Aneignung der Phraseologie verbundenen Schwierigkeiten fallen hier ganz weg; auch die Laute der fremden Sprache brauchen nicht geübt zu werden, da es sich nur um das Verständnis der Schrift handelt; die richtigen Laute toter Sprachen sind ausserdem nicht immer festzustellen, und konventionelle genügen hier vollkommen, wenn es auch nicht einzusehen ist, weshalb das Altgriechische, dessen heute gebräuchliche Laute durch Vergleichung der gotischen Bibelübersetzung aus dem Griechischen im vierten Jahrhundert, und des russischen Lautbestandes mit seinen vor tausend Jahren dem Griechischen entlehnten Schriftzeichen, sowie durch sprachliche Zeugnisse der Alten selbst leicht berichtigt werden könnten, die alten Pfade immer noch nicht verlässt. Da die richtige Aussprache des Altgriechischen derjenigen der heutigen griechischen Sprache bis auf geringe Abweichungen unzweifelhaft entspricht, wäre eine Rektifizierung jener dem Studium des heutigen Hellenischen nur nützlich.

Abgesehen hiervon und von dem grossen Werte, den die Feststellung der richtigen Laute alter ausgestorbener Sprachen für die Erkenntnis ihres Lautwandels und ihrer Verwandtschaftsverhältnisse für die Sprachwissenschaft hat, kommt es aber im

Grunde bei den toten Sprachen auf richtige Wiedergabe der Laute nicht an. Den zwar die Unterschiede nicht erschöpfenden, sie aber doch scharf bezeichnenden Satz, dass die lebenden Sprachen gelernt werden, um sie zu sprechen,*) die toten, um sie zu verstehen, können wir ruhig unterschreiben, und somit ist die Arbeit für die Erlernung alter Sprachen bei weitem geringer als bei den modernen Sprachen.

Aber auch hier finden wir, dass die uns begegnenden Schwierigkeiten bei den verchiedenen Sprachen wesentlich verschieden sind. Ein eingehendes Studium der lateinischen und griechischen Grammatik wird das Verständnis des altklassischen Schrifttums wesentlich unterstützen; wo aber der grammatische Bau weniger kompliziert ist und die erloschene Sprache sich enger einer modernen anschliesst, wie in allen altromanischen und altgermanischen Sprachen, kann das Verständnis der Sprache leicht erzielt werden dadurch, dass man einige Litteratur-Denkmäler mit Hilfe einer Übersetzung verstehen lernt und die so erworbene Sprachkenntnis auf die anderen Spracherzeugnisse anwendet. Wer das Nibelungenlied und die Lieder Walthers von der Vogelweide auf diese Art kennen gelernt hat, wird, mit wenigen Ausnahmen auf dem Gebiete des Kunstepos, leicht die ganze übrige epische und lyrische Litteratur des Mittelhochdeutschen verstehen. Die letzterwähnten Sprachen haben bei dem oft zweifelhaften Werte ihrer Litteratur natürlich mehr sprachwissenschaftliches und philologisches als praktisches Interesse, das letztere eben nur insofern, als es sich darum handelt, eins ihrer Litteraturwerke zu lesen und zu verstehen, worin ja der ganze Verkehr mit den durch sie vertretenen Kulturperioden besteht. Dieser Verkehr lässt sich hier bei dem häufig geringen Werte der Litteratur aber durch die Lektüre von Übersetzungen ebenso gut unterhalten, während für den Verkehr mit den geistesbedeutenden lateinischen und griechischen Schrifstellern die Originalform ihrer Gedanken, wie dies bei hervorragenden, aus dem Gedankenschatze einer Nation heraus geschaffenen Litteraturerzeugnissen immer der Fall ist, durch Übersetzungen nicht ersetzt werden kann.

Wie das Studium der verschiedenen Sprachen durch ihren mehr oder weniger komplizierten Bau, ihre nähere oder fernere Verwandtschaft mit bereits gekannten Sprachen, häufig Modifikationen erleidet, so gilt unser System in seiner ganzen Ausdehnung auch nicht für jeden Lernenden. Manche bezwecken nur das Verständnis

---

*) Sprechen setzt natürlich Verständnis der Sprache voraus.

der Litteratur, andere nur die Kenntnis der Handelssprache; jene kommen überhaupt nicht zur Bethätigung der Sprache, diese hierzu gewöhnlich nur auf dem Gebiete der Schrift. Für Erreichung dieser Ziele genügt dann ein weniger intensives Studium und die Beschränkung auf einen Teil der Sprache führt schneller zu Resultaten. Andere haben sich dadurch ein schneller zu erreichendes Ziel gesetzt, dass sie sich mit der Kenntnis der Umgangssprache begnügen wollen und deshalb nicht nötig haben, durch ausgedehnte Lektüre ihren Wortschatz zu erweitern und ihren Stil auszubilden, um die Litterärsprache ebenso schnell und unmittelbar zu verstehen und hier und da auch anzuwenden, wie die gewöhnlichen und einfacheren Formen der Umgangssprache.

Von grossem Einfluss auf die Art des Studiums ist natürlich anhaltender und unausgesetzter Umgang mit Nationalen, oder gar der Aufenthalt in dem fremden Lande. Hier vollzieht sich die Aneignung der fremden Sprache fast wie die Erlernung der Muttersprache dadurch, dass man wie das Kind durch Beobachtung vorgenommener Handlungen und der sie begleitenden Sprache stets und überall Wort und Erscheinung zugleich erwirbt, also unmittelbar in der fremden Sprache denken lernt; um aber auch hier den langen Weg der Erlernung der Muttersprache abzukürzen, ist die Hilfe systematischen Studiums der Grammatik und der Lektüre erforderlich mit besonderer Berücksichtigung des in erster Linie Notwendigen. Das die Muttersprache lernende Kind schreitet in dem Verständnis und dem Gebrauch der Sprache seinen Bedürfnissen entsprechend vor, es scheidet aus dem Gehörten nur das für dasselbe Notwendige aus und vervollständigt diesen Vorrat allmählich entsprechend den eigenen Bedürfnissen. Der in einem fremden Lande zum Zwecke der Erlernung seiner Sprache Weilende, welcher mit weniger oder gar keiner Kenntnis, dagegen aber mit vielen Wünschen ausgerüstet ist, findet in der fremden Sprache ein Labyrinth vor, in welchem er sich ohne einen verlässlichen Führer, den ihm ein rationelles Studium an die Hand giebt, erst nach langer Zeit, nach vielem und oft vergeblichem Suchen zurecht findet.

Es führen ja viele Wege nach Rom und auf verchiedenen Pfaden kann man schliesslich zur Beherrschung einer fremden Sprache gelangen, doch muss ein Weg der nächste sein, alle andern sind Umwege, auf denen man sein Ziel erst erreicht, nachdem viel Zeit und Kraft verschwendet ist.

Viele müssen erst einen Überblick über die Grammatik gewinnen, ehe sie an die Sprache selbst zu gehen wagen, und sofern es sich nur um eine Orientierung in der Grammatik, um einen in kurzer Zeit zu gewinnenden Einblick in die formalen Bestandteile der Sprache handelt, so ist dagegen nichts einzuwenden, da manche durch eine solche Einsicht in den grammatischen Bau von vornherein einige Sicherheit der fremden Sprache gegenüber erlangen; ein eingehendes Studium der Grammatik mit allen ihren Regeln und Ausnahmen vor der Beschäftigung mit der Sprache selbst oder nach den ersten Anfängen, bevor man einen grösseren Teil der Sprache kennt, ist dagegen durchaus zwecklos, da man auf diese Art nicht die Sprache lernt, also später doch dem von uns vorgeschlagenen Wege folgen muss; das, was man aus der Grammatik aber wirklich Brauchbares gelernt hat, in keinem Verhältnisse zu der darauf verwendeten Zeit steht. Die Grammatik bringt nicht das Verständnis der Sprache, sie kann es nur befördern und danach muss ihr auch ihre Stellung angewiesen werden.

Mit Auswendiglernen grosser Mengen von Vokabeln glauben andere das Richtige getroffen zu haben; wie wir aber zeigten, erfüllt das Vokabellernen nur dann den Zweck, wenn es innerhalb des Satzes vorgenommen wird, sonst bleiben die Worte nur schwer und auch nur kurze Zeit haften, und vor allen Dingen lassen sie sich nur schwer verwenden. Zur Aneignung der in erster Linie für die Umgangssprache in Betracht kommenden und für das Verständnis und den Gebrauch derselben notwendigen Worte müssen dieselben sogar in möglichst vielen Verbindungen eingeübt werden, wenn sie sicheres Eigentum des Sprechenden werden und jederzeit zu seiner freien Verfügung stehen sollen. Ein Schatz von tausend solchen Worten, die in dieser Weise beherrscht werden, ist mehr wert als viele Tausende, die, als Vokabeln gelernt, nur in wenigen Sätzen Anwendung gefunden haben.

Von Anhängern der Übersetzungsmethode wird stets behauptet, dass zahlreiche, einen mannigfaltigen Stoff behandelnde Übersetzungen uns allmählich in den sicheren Besitz der Sprache setzen, und da man nicht allein die fremde Sprache verstehen, sondern auch gebrauchen lernen will, macht man sich nun daran, die zum bei weitem grössten Teile der Litterärsprache entlehnten und für die Übersetzungen in die gebräuchlicheren fremden Sprachen vorbereiteten Übungsstücke zu übertragen. Die Sache scheint ja sehr bequem; an Stelle des durch die Art des vorausgegangenen Studiums zur Unmöglichkeit gewordenen Denkens in der fremden Sprache tritt das muttersprachliche Denken, oder, da andere schon für den Übersetzer gedacht haben, sein lautlicher Ausdruck, dem nun, wie in einer algebraischen Gleichung, der fremde Ausdruck gegenüber gestellt wird. Dass in den wenigsten Fällen die Worte der Muttersprache sich mit den dafür gelernten der fremden Sprache decken, ist kaum einem solchen Übersetzer bewusst. Glücklicherweise helfen die für die Übertragung präparierten Stücke diesem Mangel etwas ab; wenn aber trotzdem noch viele Fehler in der Übersetzung vorhanden sein sollten, so ist auch für deren Beseitigung gesorgt, durch sogenannte Schlüssel, nach denen man die Fehler korrigieren kann. Was hat man aber durch diese Arbeit gewonnen? Dass man vorkommenden Falls dieses oder ähnliches Material leichter in die fremde Sprache übertragen kann? Wäre es da nicht viel zweckmässiger, den fremden Schlüssel als Aufgabe zu verwenden, sich den Inhalt gehörig einzuprägen, und das Übersetzungsstück als Schlüssel zu benutzen, in den Fällen, wo dem Verständnis Hilfe geleistet werden muss? Erstens ist diese umgekehrte Arbeit viel interessanter, und zweitens braucht man beim Sprechen die Muttersprache nicht erst in die fremde Sprache zu verwandeln, sondern kann diese unmittelbar reproduzieren, und dies ist doch schliesslich das Ziel eines praktischen Studiums. Während hier der direkte Gebrauch der fremden Sprache erreicht wird, wird die letztere dort von der Muttersprache nicht getrennt; statt der unbewussten Reproduktion ist der Gebrauch der fremden Sprache stets bewusstes Übersetzen, und zu ihrer unmittelbaren Anwendung gelangt man erst nach jahrelanger Übung, nachdem sich das Gesprochene vielfach wiederholt hat; und zwar werden zuerst die einfachsten und häufig wiederkehrenden Vorstellungen ohne Hilfe der Muttersprache ausgedrückt, während kompliziertere Gedanken immer erst noch durch die Muttersprache fixiert und aus ihr übersetzt werden, bis sie sich endlich an den durch vielfache Wiederholung schneller reproduzierbar gewordenen fremdsprachlichen Ausdruck unmittelbar anschliessen und dann der Stütze der Muttersprache nicht mehr bedürfen. Schlagen wir deshalb den kürzeren Weg ein und lassen alle Übertragungen beiseite; solche sind nur für diejenigen zweckmässig, deren Ziel die Übersetzungskunst selbst ist, obgleich auch diese die Muttersprache desto besser wiedergeben werden, je enger die Vorstellungen mit den Worten der fremden Sprache verwachsen sind.

Bei dieser Gelegenheit wollen wir einige Bemerkungen über den Gebrauch des Wörterbuchs machen. Dasselbe darf in der Hauptsache nur zum Nachschlagen eines nicht verstandenen Wortes dienen, denn da wir keine Übersetzungen machen, brauchen wir

uns nur höchst selten im Wörterbuche Auskunft über den, einem
muttersprachlichen entsprechenden, fremden Ausdruck zu holen.
Der Übersetzer dagegen, welcher der Hilfe des Wörterbuchs zur
Wiedergabe seiner Gedanken bedarf, befindet sich in einer miss-
lichen Lage, da er häufig zweifelhaft sein wird, welchen Ausdruck
er von den vielen im Lexikon vorhandenen nehmen soll. Solche,
welche eine fremde Sprache schriftlich gebrauchen, sei es im Privat-
verkehr mit Fremden oder im Handel, und in der Wiedergabe
ihrer Gedanken Lücken auszufüllen haben, sollten nie versäumen,
die Bedeutung des in dem deutsch-fremden Teile des Wörterbuchs
gefundenen Ausdrucks durch Vergleich des fremd-deutschen Teiles
zu kontrollieren, und wenn möglich, ihre Zuflucht zu einem guten
nationalen Wörterbuche nehmen, in welchem sie sich über die
oft feinen Unterschiede der einzelnen Worte genau unterrichten
können.

Eine nicht minder grosse Bedeutung als die genannten künstlichen haben die natürlichen Hilfsmittel für die baldige Aneignung
fremder Sprachen, nämlich Fleiss und Ausdauer und ein gutes Gedächtnis. Ohne Fleiss und Ausdauer wird schwerlich jemand es
zu etwas Bedeutendem in praktischer Sprachbeherrschung bringen,
und durch diese beiden Faktoren wird die Zeit, welche man bei
der Erlernung einer fremden Sprache zubringt, wesentlich bedingt.

Schliemann hat sich die Kenntnis vieler Sprachen erworben
durch eine Methode, die er in seiner Selbstbiographie wie folgt
beschreibt: „Diese einfache Methode besteht zunächst darin, dass
man sehr viel laut liest, keine Übersetzungen macht, täglich eine
Stunde nimmt, immer Ausarbeitungen über uns interessierende
Gegenstände niederschreibt, diese unter Aufsicht des Lehrers ver-
bessert, auswendig lernt und in der nächsten Stunde aufsagt, was
man am Tage vorher korrigiert hat". Durch vieles Auswendiglernen stärkte er sein schwaches Gedächtnis derart, dass er nach drei
Monaten jeden Tag seinem Lehrer zwanzig gedruckte Seiten englischer
Prosa wörtlich hersagen konnte, nachdem er dieselben dreimal aufmerksam durchgelesen hatte, und nach Verlauf eines Jahres, in
welcher Zeit er das Englische und das Französische bewältigte, war
sein Gedächtnis dermassen gestärkt, dass er Holländisch, Spanisch,
Italienisch und Portugiesisch in je sechs Wochen fliessend sprechen
und schreiben lernte. Neugriechisch lernte er später in derselben
Zeit, während er für die Aneignung des Russischen, Polnischen, Schwe-
dischen und Arabischen keinen Zeitraum angiebt. Seine englischen
und französischen Studien nennt er übrigens selbst übermässig

Vor übergrosser Aufregung schlief er nur wenig und brachte alle seine wachen Stunden der Nacht damit zu, das am Abend Gelesene noch einmal in Gedanken zu wiederholen. Da das Gedächtnis bei Nacht viel konzentrierter ist, als bei Tage, fand er auch diese nächtlichen Wiederholungen von grösstem Nutzen und empfiehlt ein solches Verfahren jedermann. Ein solches Studium ist zwar nicht jedermanns Sache, und wir sind weit davon entfernt, ein derartiges übertriebenes Verfahren zu befürworten; das Beispiel Schliemanns zeigt aber so recht, welche Rolle das Gedächtnis in der Spracherlernung spielt und bis zu welchem Grade man dasselbe stärken kann.

Hervorragende praktische Sprachkenntnis ist immer mit einem vorzüglichen Gedächtnis verbunden gewesen, und wo dasselbe durch schnelle Auffassung, intuitive Unterscheidung der stofflichen und formalen Seite der Sprache und durch feine Beobachtungsgabe für die Unterschiede der Sprache unterstützt wird, da sind solche Erscheinungen möglich, wie sie uns als grösste ihrer Art in dem Sprachtalente des Kardinals Mezzofanti entgegentritt. Die meisten von uns werden sich mit geringerer Sprachkenntnis begnügen müssen, indessen ist bei richtigem Fleiss und einiger Ausdauer für jeden normal Beanlagten auf diesem Gebiete mehr als Mittelmässiges zu leisten.

Wir haben die Prinzipien dargelegt, nach denen das Studium fremder Sprachen sich richten muss, wenn es von praktischen Erfolgen gekrönt sein will, und bleibt uns jetzt nur noch übrig, bei Ermangelung von Lehrbüchern, die den nötigen Stoff in allen seinen Teilen in der beschriebenen Weise enthalten, diejenigen Hilfsmittel namhaft zu machen, welche in ihrer Verbindung ein praktisches Studium ermöglichen.

Der Kundige wird ja in jedem Lehrbuche das für ihn Brauchbare herausfinden; überall, wo er die fremde Sprache antrifft, in welcher Form es auch sei, wird er das Gebotene ausnützen können; für weniger Bewanderte sei indessen auf folgende Hilfsmittel hingewiesen.

Zur Einführung in das erste, der Umgangssprache zu entnehmende Material mit Hinweis auf das Wichtigste aus der Grammatik, sind die Rosenthalschen Werke für das Englische, Französische, Italienische, Spanische und Russische ganz geeignet. Da die Vorführung der Umgangs- und Geschäftssprache, besonders der ersteren, einziges Ziel derselben ist, so sind sie natürlich praktischer als andere, die Umgangssprache als Nebensache behandelnde Lehrbücher. Hoffentlich werden in einer neuen Auflage die vielen Druck- und Flüchtigkeitsfehler und zum Teil groben Schnitzer entfernt.

So findet sich beispielsweise in den italienischen Heften: Seite 45 rincresce (tsche) statt (sche), S. 185 veli statt ve le (bezieht sich auf lire), S. 117 receátmi statt recatemi, S. 123 venticinque statt ventiquattro, S. 135 conducetene statt conducoteci, S. 195 le chiese principale statt le chiese principali, S. 247 l'ho gettato statt l'ho gettata (bezieht sich auf lettera), S. 295 nullo die nuovo statt nulla di nuovo, S. 325 particolarità italiano statt particolarità italiana, S. 149 Che minestra servirò a questi Signori? statt Lor Signori, S. 201 Ha egli promesso che viene statt di venire, S. 213 Non v'ha egli una persona statt non v'ha una persona; in den spanischen Heften: Seite 47, 91, 115 non statt no, S. 69 llevarle statt llevarla, (bezieht sich auf hermana), S. 163 habla V. statt hable V., S. 71 mucho dinero es ese statt mucho dinero es eso, S. 128 á las dos y medio statt á las dos y media, S. 188 me dijo que le comprará statt que le comprase, S. 215, 247, 283 llámame statt llameme, S. 217 tengo que decirla statt tengo que decirle; in den französischen Heften: S. 39 Non madame, je ne vous ai pas compris statt comprise, S. 45 Vos soeurs sont-ils statt sont-elles, S. 95, 111 si vous me diriez statt disiez, S. 97 qu'il faut faire statt qu'il doit faire, S. 163 que nous n'avons eu des vos nouvelles statt de vos nouvelles. Man ersieht aus den angeführten Stellen, welche leicht noch vermehrt werden können, dass der Lernende, den niemand auf diese Fehler aufmerksam macht, nicht selten Gefahr läuft, sich etwas Falsches anzueignen.

Nach dem Studium eines Rosenthalschen Werkes ist es notwendig, das wenige von diesem Gebotene zu vermehren und vor allen Dingen die Familiensprache zu studieren, zu welchem Zwecke sich die Durcharbeitung der bei Violet in Leipzig erschienenen, zusammenhängende Gespräche bietenden Echos vorzüglich eignen: The English Echo von S. D. Waddy, Echo Français von F. de la Fruston, L'Eco Italiana von E. Camerini, Eco de Madrid von J. E. Hartzenbusch.

Von mit Nutzen zu gebrauchenden Konversationsbüchern mögen hier ferner erwähnt werden: O Busch und H. Skelton, Handbuch der englischen Umgangssprache; Ed. Coursier, Handbuch der französischen und deutschen Konversationssprache; K. Plötz, Voyage à Paris; A. Fiori, Handbuch der italienischen und deutschen Konversationssprache; J. Schilling, Praktische Anleitung zum mündlichen und schriftlichen Verkehr im Spanischen; F. Haag und A. Feodorow, Russisch-deutsches Konversationsbuch; P. Fuchs, Handbuch der deutschen und russischen Konversationssprache (ohne Accente); F. Booch-Arkossy, Portugiesisch-deutscher Dolmetscher. Ein sicheres Mittel, nur Richtiges zu lernen, bieten in der fremden Sprache herausgegebene Gesprächbücher, welche die Erlernung des Deutschen bezwecken. Wie in den deutsch-fremden Phraseologien in dem fremdsprachlichen Teile hin und wieder Fehler vorkommen, da sie ja nicht immer von Eingeborenen verfasst sind, so finden sich in den fremdsprachlich-deutschen Büchern solche Fehler im deutschen Texte, die indessen leicht erkannt werden, während man die Garantie hat, dass der fremdsprachliche Text richtig ist.

Für das Schwedische ist uns eine in deutscher Sprache erschienene Phraseologie nicht bekannt; für diese Sprache möchten wir deshalb auf A. Th. Paban, Svensk och Tysk Parlör, Huldberg, Stockholm, aufmerksam machen; und für das Studium der dänischen Umgangssprache ist ein sehr brauchbares Buch in dem für Angehörige beider Nationen bestimmten Tydsk-Dansk Parleur von F. Bresemann, Gyldendalsche Buchhandlung, Kopenhagen, vorhanden.

Die Aneignung der Geschäftssprache bezwecken die trefflichen im Verlage von G. A. Glöckner in Leipzig erschienenen Grammatiken für Kaufleute und Gewerbtreibende: Neue englische Grammatik, Neue französische Grammatik von R. Thum (denen sich Handbücher für Gespräche aus dem Geschäftsleben anschliessen), Neue italienische Grammatik von G. Locella.

Da die Kaufleute ein grosses Kontingent zu dem Sprachen lernenden Publikum stellen, so sei auf diese Bücher, die besser den Namen „Handbuch" als Grammatik führten, besonders hingewiesen. Die Bedürfnisse des Kaufmanns sind hier allein berücksichtigt, so dass der Lernende überall Anknüpfungspunkte an seinen Beruf findet und die Überzeugung gewinnt, dass er nur Brauchbares lernt, was seinen Eifer gewiss anspornt.

Den in jeder Lektion gegebenen grammatischen Regeln folgen Übungsstücke in der fremden Sprache mit Interlinearübersetzung; in den beigefügten Erläuterungen werden die grammatischen Erscheinungen erklärt; den Schluss jeder Lektion bilden Aufgaben zum Übersetzen in die fremde Sprache, deren Inhalt sich an den fremden Sprachstoff anschliesst und diesen verschiedenartig kombiniert.

Da selbst nach der Meinung des Verfassers die Übersetzungsaufgaben anfangs nicht fehlerfrei ausfallen werden, so wäre ein Schlüssel am Platze gewesen, der von allen, die keine Übersetzungen machen wollen, als Übungsstück benutzt werden könnte.

Die in demselben Verlage erschienenen: Spanische Grammatik von J. Schilling, Portugiesische Grammatik von J. Schmitz, mit Berücksichtigung des gesellschaftlichen und geschäftlichen Verkehrs, schliessen sich dem Plane der Thumschen Grammatiken nicht an. Sie tragen ganz das Gepräge der Konversationsmethode der Otto-Gaspey-Sauerschen Lehrbücher (Julius Groos, Heidelberg), mit welchen sie auch die Sprechübungen über den Inhalt der vorangehenden Sätze, Aufgaben und Lesestücke gemein haben. Sollen diese Konversationen wirklich Gesprochenes bieten, so erhellt daraus die Notwendigkeit, die Übungsbeispiele derart zu wählen, dass man sie auch wirklich häufig in der Sprache findet.

Die doch vorzugsweise für den Kaufmann bestimmten Bücher haben auch nicht annähernd die Geschäftssprache so berücksichtigt, wie Thum und Locella, und anstatt sich auf das in erster Linie Notwendige zu beschränken, sind die Verfasser nicht weit davon entfernt, ihr Material allen möglichen Gebieten, von der Küche bis zur Philosophie zu entnehmen, was Thum mit Recht an Lehrbüchern, die praktische Ziele verfolgen, tadelt. Da hört man von Tanten, die ein Pferd haben; von der politischen Lage Spaniens, die nicht befriedigend ist; dass die Spinne und die Biene kleine Tierchen sind, und Petersburg die Hauptstadt Russlands ist. Sätze allen möglichen Inhalts sind bunt durcheinander gewürfelt, nur der systematischen Grammatik zu liebe, deren Regeln in solchen Sätzen Anwendung finden. Die Meinung von Schmitz, dass der Kaufmann mit Hilfe des ihm gebotenen Stoffes ohne Lehrer sich in den Geist der Sprache so hineinarbeiten könne, dass er jede portugiesische Korrespondenz verstehen und selbst in diesem Idiom schreiben kann, dürfte aber auf einer übrigens weit verbreiteten unklaren Vorstellung von der Handelssprache beruhen. Dagegen ist es unbestritten, dass die Aneignung des in den erwähnten beiden Grammatiken enthaltenen Stoffes dem Kaufmann die Erwerbung der der Handelskorrespondenz eigentümlichen oder darin vorzugsweise verwendeten Worte und Wendungen in der Praxis, durch Gewährung einer wenn auch schwachen Grundlage hierfür, erleichtert.

Da beiden Werken ein Schlüssel zu den Übersetzungsaufgaben beigegeben ist, so kann mit diesem in der schon mehrfach erwähnten Weise verfahren werden.

Die Konversationsübungen sind besonders in der spanischen Grammatik in den späteren Lektionen geschickt gewählt; und fügen wir noch hinzu, dass wir unter den vorhandenen, ähnliche Zwecke verfolgenden Lehrbüchern des Spanischen kein brauchbareres kennen als die Schillingsche Grammatik, und bei dem Mangel guter Hilfsmittel für das Portugiesische, das Werk von Schmitz dem Praktiker überhaupt — nicht allein oder besonders dem Kaufmanne — bestens empfehlen können, so glauben wir das Verdienst dieser Bücher richtig gewürdigt zu haben. Eine wertvolle Zugabe zu Schillings Grammatik ist dessen schon erwähnte „praktische Anleitung zum mündlichen und schriftlichen Verkehr im Spanischen".

Nach der Bekanntschaft mit einem grossen Teile der Umgangs- und Familiensprache, und wo es nötig ist, der Geschäftssprache, wird das Studium von Erzählungen und Romanen, wie sie von Tousaint-Langenscheidt, Boltz und Booch-Arkossy geboten sind, mit Berücksichtigung der grammatischen Erläuterungen, gute Dienste leisten; indessen kann man nun auch schon zu selbständiger Lektüre von guten Lustspielen in der früher bezeichneten Weise übergehen und daran die aufmerksame Lektüre einer systematischen Grammatik knüpfen. Für praktische Zwecke empfehlen sich: K. Plötz, Syntax und Formenlehre der neufranzösischen Sprache; J. Schmidt, Grammatik der englischen Sprache, G. L. Städler, Lehrbuch der italienischen Sprache; G. Kappes, Lehr- und Übungsbuch der spanischen Sprache (enthält auch eine Sammlung vorzüglicher Konversationen); J. Schilling, Spanische Grammatik; F. J. Schmitz, Portugiesische Grammatik; Th. Möbius, Dänische Formenlehre; U. W. Dietrich, Ausführliche schwedische Grammatik; C. v. Reinhardtstöttner, Holländische Konversations-Grammatik; W. Alexejew, Neues Lehrbuch der russischen Sprache.

Vollständigkeit in Aufzählung der Hilfsmittel war natürlich nicht beabsichtigt; es handelte sich für uns darum, einige der besseren für das Studium der gebräuchlichsten fremden Sprachen namhaft zu machen und die Verteilung des Stoffes zu zeigen, was nicht zwecklos gewesen sein dürfte, da man bei einem Lernenden, der den lebhaften Wunsch hat, sich mit dem fremden Idiome bekannt zu machen, häufig ausser Rosenthal, Toussaint-Langenscheidt und einer Anzahl Phraseologien auch noch mehrere synthetische Lehrbücher der betreffenden Sprachen finden kann, ohne dass das Studium aller dieser Bücher die gewünschten Resultate hätte.

Wir schliessen mit dem Wunsche, dass weitere Versuche, praktische Hilfsmittel für das Studium fremder Sprachen zu schaffen, sich nicht in Widerspruch mit dem Wesen der Sprache setzen und vor allem das jedem Praktiker notwendige Material in erster Linie vorführen und eingehend behandeln werden; dann kann der Erfolg nicht ausbleiben.

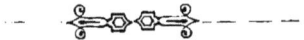